지장경

우리말 독송

지장경

원순 역해

도서출판 법공양

부처님 은혜에 감사드리며

【삼귀의】

귀의불 양족존 (歸依佛 兩足尊) 　거룩한 부처님께 귀의합니다.
귀의법 이욕존 (歸依法 離欲尊) 　성스런 가르침에 귀의합니다.
귀의승 중중존 (歸依僧 衆中尊) 　청정한 스님들께 귀의합니다.

【칠불통계】

제악막작 (諸惡莫作) 　오늘도 나의 허물 되돌아보며
중선봉행 (衆善奉行) 　맑고도 향기로운 삶을 살면서
자정기의 (自淨其意) 　하늘 빛 푸른 소원 참마음으로
시제불교 (是諸佛教) 　부처님 가르침을 꽃피우소서.

【사홍서원】

중생 무변 서원도 (衆生 無邊 誓願度) 　중생을 다 건지오리다.
번뇌 무진 서원단 (煩惱 無盡 誓願斷) 　번뇌를 다 끊으오리다.
법문 무량 서원학 (法門 無量 誓願學) 　법문을 다 배우오리다.
불도 무상 서원성 (佛道 無上 誓願成) 　불도를 다 이루오리다.

* 팔관재계는 십재일인 매달 음력 1일, 8일, 14일, 15일, 18일, 23일,
24일, 28일, 29일, 30일에 받아 지녀
부처님의 복덕과 지혜를 닦아나가는 방편이다.

십재일은 나쁜 기운이 드세어 사람의 몸을 해치고 마음을 어지럽힌다.
그러므로 부처님께서는 여덟 가지 계와 한낮이 지나면 음식을 먹지 않는
재법齋法으로 모든 중생이 복덕과 지혜를 길러 세상의 괴로움에서 벗어나게 하였다.

팔관재계八關齋戒의 '관關'은 허물이 일어나지 않게 막는 것이요, '재齋'는 맑고 깨끗한 삶이며 '계戒'란 지켜야 할 것을 말한다. 여덟 가지 계를 잘 지키면 '맑고 깨끗한 삶'의 뿌리가 저절로 형성된다.

팔관재계

하루 낮 하룻밤 동안

한낮이 지나면 먹지 않는 '맑고 깨끗한 삶'을 살아야 합니다.

하루 낮 하룻밤 동안

1. 중생의 생명을 빼앗지 않고 '자비로운 삶'을 살아야 합니다.

2. 도둑질 하지 않고 '마음이 넉넉한 삶'을 살아야 합니다.

3. 삿된 관계를 맺지 않고 '행복한 삶'을 살아야 합니다.

4. 거짓말하지 않고 '진실한 삶'을 살아야 합니다.

5. 술을 마시지 않고 '지혜로운 삶'을 살아야 합니다.

하루 낮 하룻밤 동안

6. 향수나 꽃으로 몸을 꾸미지 않고 '편안한 삶'을 살아야 합니다.

7. 춤이나 노래로 마음이 들뜨지 않고 '고요한 삶'을 살아야 합니다.

8. 높은 자리에 앉지 않고 '마음을 비우는 삶'을 살아야 합니다.

불기   년   월   일   수계행자 :   정례(頂禮)

맑고 향기로운 삶으로 가는 길

"다가오지 않은 미래의 헤아릴 수 없이 많은 세상이 다하도록, 죄를 짓고 고통받는 육도 중생을 위하여 내가 이제 널리 방편을 베풀어, 그들을 모두 해탈시키고 난 뒤에야 나 자신도 성불하리라."

지장보살의 자비심에서 나온 이 원력이 뭇 중생의 의지처가 되어, 오랜 세월 수많은 사람이 지장보살의 명호를 부르면서 그들과 인연 맺은 영가의 극락왕생을 위하여, 몸과 입과 뜻 신구의(身口意) 삼업(三業)을 정화하는 재(齋)로 정성껏 공양을 올리면서 축원하는 일을 멈추지 않고 있습니다.

지장보살은 실타래처럼 엉킨 중생들의 업연을 끊고자 세세생생 인연 따라 중생 앞에 몸을 나투어서, 업을 짓고 고통받는 모든 이들을 남녀노소 차별 없이 제도하고 있기 때문입니다.

지장경의 가르침에 담긴 지장보살의 원력과 전생 이야기, 그리고 업을 지어 받게 되는 지옥의 고통과 그 과보를 생생하게 온몸으로 느낀다면, 우리의 업이 불러오는 인과응보를 알고 복덕을 지어야 한다는 사실을 깨닫게 될 것입니다. 그런 뒤에 헛된 욕망 속에서 윤회하는 자기 삶을 뒤돌아보고 몸과 마음을 다잡으면, 부처님 앞에서 기도하지 않을 수가 없습니다.

현생의 업장을 녹이기 위해 지장보살 명호를 부르며 이 경을 반복해서 읽다 보면, 어느새 부처님 전에 정성껏 공양을 올리면서 인연이 있거나 없는 모든 이를 위하여 축원하게 될 것입니다. 이는 지장보살의 원력이 나의 원력이 되어 우리 가족 나아가 모든 중생이 행복했으면 하는 바람이 진심으로 일어나기 때문입니다.

> 온갖 계율 지키면서 법문을 듣고
> 지장보살 명호 불러 업장 녹이며
> 아름답고 깨끗한 삶 살아간다면
> 이 모습이 지장보살 원력이어라.
>
> 아낌없이 베푸는 삶 그 공덕으로
> 부처님의 마음자리 닦아 가면서
> 다른 생각 전혀 없이 오직 한마음
> 지장보살, 지장보살 명호 부르세.
>
> 지장보살 원력에는 차별이 없어
> 고달픈 삶 딱한 이들 그 은혜 받아
> 삼세 모든 부처님께 공양 올려서
> 부처님의 세상으로 가게 되리라.

지장경의 가르침은 부처님의 세상으로 가는 길을 환히 밝혀 주니, 지장경을 읽으면 읽을수록 믿음이 커지고 기뻐하는 마음이 절로 늘어날 수밖에 없습니다.

지장경과 인연 맺는 모든 불자에게 법공양 불사(佛事)에서 나오는 온갖 공덕을 지극한 마음으로 회향하옵니다.

모든 것을 아낌없이 베풀면서 아름답고 깨끗한 삶을 살며, 법공양을 올려 부모님께 효도하는 불자들은 누구든지 걸림 없는 삶으로 항상 모든 부처님과 함께 할 것입니다.

2023년 7월 1일
지리산 실상사 구산선문(九山禪門)
인월행자 두 손 모음

차례

서문 맑고 향기로운 삶으로 가는 길 10

1장. 도리천 궁전의 신통력과 성스러운 여인 ………… 19
2장. 지장보살 분신으로 중생을 제도 ………………… 45
3장. 중생의 업으로 가는 무간지옥의 온갖 모습 ……… 53
4장. 지장보살의 전생 이야기 ………………………… 65
5장. 지옥의 많은 이름과 받아야 할 고통 …………… 91
6장. 지장보살의 공덕을 부처님이 찬탄 ……………… 103
7장. 죽은 자와 산 자에게 돌아가는 이익 …………… 121
8장. 염라대왕의 질문과 악독 귀왕의 찬탄 ………… 133
9장. 부처님의 명호를 듣고 부르는 공덕 …………… 151
10장. 보시하고 공양 올리는 공덕 …………………… 161
11장. 집안에 생기는 열 가지 이익 …………………… 171
12장. 지장보살 명호를 지극정성 불러야 …………… 177
13장. 사람들과 호법 신장이 얻는 이익 ……………… 199

지장전과 명부전

我今 淸淨水 아금 청정수	저희 이제 공양 올린 맑고 맑은 물 한 그릇
變爲 甘露茶 변위 감로다	부처님의 가피 입어 감로다가 되었기에
奉獻 地藏前 봉헌 지장전	원력 지장 보살님께 정성 다해 바치오니

願垂 哀納受 원수 애납수	자비로운 마음으로 애틋하게 받으소서.
願垂 哀納受 원수 애납수	자비로운 마음으로 애틋하게 받으소서.
願垂慈悲 哀納受 원수자비 애납수	자비로운 마음으로 애틋하게 받아 주옵소서.

至心 歸命禮 地藏願讚 지심 귀명례 지장원찬 二十三尊 諸位如來佛 이십삼존 제위여래불	지장 원력 찬탄하신 이십삼존 부처님께 몸과 마음 다 바쳐서 지극정성 절합니다.

至心 歸命禮 幽冥敎主 지심 귀명례 유명교주 地藏菩薩摩訶薩 지장보살마하살	지옥 중생 보살피는 지장보살마하살께 몸과 마음 다 바쳐서 지극정성 절합니다.

至心 歸命禮 左右補處　　좌측 보좌 도명존자 우측 보좌 무독귀왕
지심 귀명례 좌우보처
道明尊者 無毒鬼王　　몸과 마음 다 바쳐서 지극정성 절합니다.
도명존자 무독귀왕

地藏大聖 威神力　　중생들의 성인이신 지장보살 위엄 신통
지장대성 위신력
恒河沙劫 說難盡　　영원토록 말을 해도 다 할 수가 없으리니
항하사겁 설난진
見聞瞻禮 一念間　　지극정성 보고 듣고 절을 하는 한순간에
견문첨예 일념간
利益人天 無量事　　하늘 인간 셀 수 없이 많은 일에 이익 주네.
이익인천 무량사

故我一心　　그리하여 제가 지금
고아일심
歸命頂禮　　몸과 마음 다 바쳐서 지극정성 절합니다.
귀명정례

송경의식

○ 정淨 구업 진언[1]

수리수리 마하수리 수수리 사바하 (3번)

○ 오방내외五方內外 안위제신安慰諸神 진언[2]

나모 사만다 못다남

옴 도로도로 지미 사바하 (3번)

○ 개경開經 게偈

無上甚深 微妙法
무상심심 미묘법
수승하고 깊고 깊은 오묘하고 미묘한 법

百千萬劫 難遭遇
백천만겁 난조우
백천만겁 살더라도 만나 뵙기 어려우니

我今聞見 得受持
아금문견 득수지
제가 이제 듣고 보고 부처님 법 받아 지녀

願解如來 眞實意
원해여래 진실의
부처님의 진실한 뜻 깨닫기를 원합니다.

○ 개開 법장 진언

옴 아라남 아라다 (3번)

---

1. 입으로 지은 업을 정화하는 진언이다.
2. 위아래 사방팔방 주변의 모든 신을 편케 하는 진언이다.

우리말 독송

지장경

1장. 도리천 궁전의 신통력과 성스러운 여인

이와 같은 가르침을 저는 들었습니다.

부처님이 도리천 궁전에서 어머님을 위하여 법을 설하실 때, 헤아릴 수 없이 많은 부처님과 훌륭한 보살이 이 법회에 함께 하셨습니다. 그분들은 "석가모니 부처님께서 불가사의한 지혜와 신통력으로 어지러운 세상 집착이 많은 중생에게 해탈의 가르침을 주니, 그들이 괴로움과 즐거움의 실체를 알았다."라고 찬탄하고는, 자신의 시자를 보내어 세존께 문안을 드렸습니다.

이때 미소를 머금은 여래의 몸에서 백천만 억 광명이 뿜어져 나왔는데, 이른바 어떤 일도 부족함이 없이 완성시켜 주는 빛, 큰 자비로 중생을 감싸 주는 빛, 부처님의 지혜로 세상의 실체를 알게 하는 빛, 반야의 지혜로 깨달음에 이르는 빛, 부처님의 고요한 마음을 드러내는 빛, 온갖 상서로운 조짐을 보여 주는 빛, 온갖 복덕을 가져다주는 빛, 온갖 공덕으로 세상을 아름답게 만드는 빛, 중생의 아픔을 덜어주고 부처님께 귀의하게 만드는 빛, 부처님의 공덕을 찬탄하는 빛이었습니다.[1]

이처럼 이루 말할 수 없이 많은 광명을 놓으시며, 아울러 온갖 미묘하고 아름다운 소리도 내셨습니다. 이른바 극락세계로 들어가는 보시를 찬탄하는 소리, 극락세계로 들어가는 아름다운 삶을 찬탄하는 소리, 극락세계로 들어가는 인욕의 삶을 찬탄하는 소리, 극락세계로 들어가기 위한 끊임없는 노력을 찬탄하는 소리, 극락세계로 들어가는 선정을 찬

---

1. 대원만광명운(大圓滿光明雲) 대자비광명운(大慈悲光明雲) 대지혜광명운(大智慧光明雲) 대반야광명운(大般若光明雲) 대삼매광명운(大三昧光明雲) 대길상광명운(大吉祥光明雲) 대복덕광명운(大福德光明雲) 대공덕광명운(大功德光明雲) 대귀의광명운(大歸依光明雲) 대찬탄광명운(大讚歎光明雲)

탄하는 소리, 극락세계로 들어가는 반야를 찬탄하는 소리, 극락세계로 들어가는 자비로운 마음을 찬탄하는 소리, 부처님의 법을 기뻐하며 차별 없이 평등한 마음으로 극락세계로 들어가는 것을 찬탄하는 소리, 속박을 벗어나 극락세계로 들어가는 것을 찬탄하는 소리, 번뇌 없이 극락세계로 들어감을 찬탄하는 소리, 극락세계에 들어가는 지혜를 찬탄하는 소리, 극락세계에 들어가는 큰 지혜를 찬탄하는 소리, 사자 같은 우렁찬 목소리로 삿된 견해를 모두 물리치고 극락세계로 들어가는 것을 찬탄하는 소리, 사자의 왕 같은 우렁찬 목소리로 삿된 견해를 모두 물리쳐 극락세계에 들어가는 것을 찬탄하는 소리, 천둥 같은 부처님의 목소리로 극락세계에 들어가는 것을 찬탄하는 소리, 큰 우레 같은 부처님의 목소리로 극락세계에 들어가는 것을 찬탄하는 소리였습니다.

이와 같이 이루 말할 수 없을 정도로 많고 많은 찬탄이 울려 퍼지자, 사바세계¹는 물론 다른 국토에 있던 숱한 백천만 억 천룡과 귀신도 도리천 궁전의 법회로 모여들었습니다.

이른바 동서남북 하늘 아래 있는 **사천왕천**(四天王天), **도리천**(忉利天), **수염마천**(須炎摩天), **도솔천**(兜率天), 모든 것이 즐거움이 되는 **화락천**(化樂天), 다른 사람을 교화하는 것이 자유로운 **타화자재천**(他化自在天), 깨끗한 사람들이 모여 사는 **범중천**(梵衆天), 깨끗한 사람들이 불어나는 **범보천**(梵輔天), 깨끗한 사람들만 모여 사는 **대범천**(大梵天), 빛으로 쌓여있는 **소광천**(小光天), 헤아릴 수 없이 많은 빛으로 쌓여있는 **무량광천**(無量光天), 빛의 소리로 쌓여있는 **광음천**(光音天), 맑은 빛으로 쌓여있는 **소정천**(少淨天), 헤아릴 수 없이 맑은 빛으로 쌓여있는

---
1. 사바세계는 석가모니 부처님이 중생교화를 하는 세계로서 현실세계를 말한다.

무량정천(無量淨天), 온 하늘이 맑은 빛으로 쌓여있는 변정천(遍淨天), 복이 생겨나는 복생천(福生天), 복덕과 사랑이 넘쳐나는 복애천(福愛天), 인과응보가 전부 드러나는 광과천(廣果天), 장엄으로 이루어진 엄식천(嚴飾天), 헤아릴 수 없이 많은 장엄으로 이루어진 무량엄식천(無量嚴飾天), 장엄의 업보로 이루어진 엄식과실천(嚴飾果實天), 삿된 생각이 없는 무상천(無想天), 번뇌가 없는 무번천(無煩天), 화날 일이 없는 무열천(無熱天), 좋은 것만 보이는 선견천(善見天), 좋은 것만 드러나는 선현천(善現天), 어떤 물질에도 구애받지 않는 색구경천(色究竟天), 마혜수라천을 비롯하여 비상천(非想天), 비비상처천(非非想處天)의 하늘나라 대중, 모든 천룡과 귀신이 빠짐없이 다 이 법회로 모여들었습니다.

또, 다른 국토와 사바세계 모든 바다를 맡아 다스리는 해신(海神), 강을 다스리는 강신(江神), 하천을 다스리는 하신(河神), 나무를 다스리는 수신(樹神), 산을 다스리는 산신(山神), 땅을 다스리는 지신(地神), 물줄기와 물웅덩이를 다스리는 천택신(川澤神), 온갖 곡식을 키워내는 묘가신(苗稼神), 낮을 다스리는 주주신(主晝神), 밤을 다스리는 주야신(主夜神), 허공을 다스리는 허공신(虛空神), 하늘에 사는 천신(天神), 온갖 음식을 관장하는 음식신(飮食神), 풀과 나무에 붙어사는 초목신(草木神) 이런 신들이 모두 이 법회로 모여들었습니다.

또, 다른 국토는 물론 사바세계에 있는 귀신의 왕들도 모두 함께 있었으니 이른바 사나운 눈을 가진 악목(惡目) 귀왕, 피를 빨아 먹는 담혈(啗血) 귀왕, 정기를 빨아 먹는 담정기(啗精氣) 귀왕, 태아나 알을 잡아먹고 사는 담태란(啗胎卵) 귀왕, 역병을 돌리는 행병(行病) 귀왕, 독을 없애 주는 섭독(攝毒) 귀왕, 자비로운 마음을 지닌 자심(慈心) 귀왕, 복덕과 이익을 가져다주는 복리(福利) 귀왕, 중생들을 사랑하고 공경하는 대애경(大愛敬) 귀왕 이런 귀신의 왕들이 모두 이 법회로 모여들었습니다.

이때 석가모니 부처님께서 문수보살에게 말씀하셨습니다.

"문수보살[1]은 여기에 모인 모든 불보살님과 하늘의 신 그리고 천룡과 귀신을 보았는가? 이 세계와 다른 세계, 이 국토와 다른 국토에서 지금 도리천으로 모여든 대중의 수를 헤아려 알 수 있겠는가?"

"세존이시여, 저의 신통력으로는 천 겁 동안 그 수를 헤아려도 알 수가 없습니다."

---

1. 문수보살은 부처님을 곁에서 모시는 보살인데 지혜를 상징한다. 번뇌를 단숨에 잘라내는 지혜의 보검을 늘 손에 들고 용맹한 사자를 타고 있는 모습으로 문수보살의 성스러운 성상이 그려진다. 부처님은 법왕이고 문수보살이 그 법을 이을 것이기에 법왕자라고도 부른다.

"내가 살펴보아도 그 수를 헤아릴 수가 없구나. 이들 대중은 모두 지장보살[1]이 이미 오랜 세월 동안 제도하였거나 지금 제도하고 있거나 다가오는 세상에서 장차 제도할 대중이니라. 이미 불법을 성취하였거나 지금 성취하고 있거나 장차 불법을 성취할 대중이니라."

"세존이시여, 저는 이미 과거 오랜 세월 착한 마음의 뿌리로 '걸림 없는 지혜'를 깨달아 부처님의 가르침을 들으면 바로 믿어 받아 지닐 수가 있습니다. 그러나 아직 경지가 약한 성문이나 천룡팔부[2] 신중과 오는 세상의 뭇 중생은 모두 여래의 진실한 말을 듣더라도 반드시 의심하게 될 것이니, 설사 머리 숙여 받아들이는 것 같더라도 비방하게 될

---

1. 지장보살은 문수, 관음, 보현과 함께 부처님의 가르침을 잘 실천하는 사대보살에 속한다. 석가모니 부처님이 멸도 하신 뒤에 미륵 부처님이 출현하시기 전까지 육도중생을 다 성불시키고 나서야 비로소 성불하겠다고 큰 원력을 세우신 보살이다.
2. 천룡팔부(天龍八部)는 불법을 수호하는 신장들로 천·용·야차·건달바·아수라·가루라·긴나라·마후라가 여덟 신을 말한다. 천과 용을 대표로 내세워 천룡팔부라고 말한 것이다.

것입니다.

바라옵건대 세존이시여, 지장보살이 수행할 때 어떤 수행을 하고 어떤 원력을 세웠기에 이처럼 불가사의한 일을 성취할 수 있었는지 자세히 말씀하여 주시옵소서."

"비유를 들어 말하리라. 삼천대천세계에 있는 풀잎 하나, 나무 한 그루, 낟알, 삼 씨, 산죽, 갈대 그리고 산에 있는 작은 돌이나 티끌 하나하나를 모두 하나의 갠지스강으로 삼고, 그 갠지스강 모래알 하나하나를 한 세계로 삼으며, 그 세계 안에 있는 한 티끌을 한 겁으로 삼고, 그 한 겁 안에 쌓여있는 티끌을 모아 다시 한 겁의 세월로 삼더라도, 지장보살이 보살의 십지(十地)[1]에서 깨달음을 얻은 뒤

---

[1]. 십지는 보살이 수행 과정에서 거치는 열 가지 수행 단계이다. 환희지부터 시작하여 모든 번뇌를 끊어 열반을 성취한 부처의 경지인 불지(佛地)까지이다.

로 흐른 세월은 이 비유보다 천배나 더 많을 것이다. 그런데 하물며 지장보살이 성문이나 벽지불로 있을 때의 그 세월이야 더 말할 필요가 있겠느냐.

문수보살이여, 지장보살의 위엄과 신통 그리고 그분의 원력은 참으로 불가사의 하느니라.

오는 세상에서 만약 어떤 사람이 지장보살의 명호를 듣고 찬탄 예배하며, 그 명호를 부르거나 공양을 올린다든지 또는 그 모습을 그림으로 그리거나 성스러운 성상(聖像)으로 조성하여 단청하고 모신다면, 이 사람은 도리천[1]에 백 번 태어날 것이며, 영원히 나쁜 길에서 벗어날 것이다."

---

1. '도리천'은 세계의 중심 수미산 정상에 있으며 제석천의 천궁이 있다. 사방에 봉우리가 있으며 그 봉우리마다 여덟 하늘이 있기 때문에 제석천과 합하여 '삼십삼천(三十三天)'이라 말하기도 한다.

전생에 부잣집 아들이었던 지장보살의 원력

문수보살이여, 말로 표현할 수 없을 정도로 오래된 과거 세월 그 이전에 지장보살은 큰 부잣집 아들이었다. 그 당시 온갖 보살행을 갖추고 사자처럼 용맹한 부처님 사자분신 구족만행 여래(獅子奮迅 具足萬行 如來)께서 계셨는데, 부잣집 아들은 온갖 복덕으로 장엄한 그 부처님의 상호를 우러러 뵙고는 여쭈었다.

"어떤 수행과 원력을 실천하셨기에 부처님께서는 이렇듯 장엄한 모습을 갖추셨습니까?"

부처님께서 말씀하셨다.

"그대가 이와 같은 모습을 갖고 싶다면 고통받는 모든 중생을 위하여 끊임없이 오랜 세월 동안 그들을 제도해야 하느니라."

문수보살이여, 그 말을 들은 장자의 아들은 바로 원력을 세워 굳은 다짐을 하였다.

"다가오지 않은 미래의 헤아릴 수 없이 많은 세상이 다하도록, 죄를 짓고 고통받는 육도[1] 중생을 위하여 내가 이제 널리 방편을 베풀어, 그들 모두 해탈시키고 난 뒤에야 나 자신도 성불하리라."

부처님 앞에서 이런 큰 원력을 세웠기 때문에 지금까지, 지장보살은 백천만 억 나유타 이루 말할 수 없는 겁이 지나도록 아직 보살로 있는 것이니라.

성스러운 여인의 효심

또 과거 불가사의한 아승지겁[2] 세월에 '깨달음의 꽃을 피운 선정에서 걸림 없는 정자재왕 여래'[3]께

---

1. 육도는 지옥, 아귀, 축생, 수라, 인간, 천상을 말한다. 중생들은 이 여섯 곳에서 깨달음을 얻어 성불하기 전까지는 끊임없이 윤회를 해야만 한다.
2. 아승지(阿僧祇)는 헤아릴 수 없이 많은 것을 말하고 겁(劫)은 헤아릴 수 없이 많은 세월의 시간을 말한다.

서 계셨는데, 그 부처님의 수명은 사백천만 억 아승지겁의 세월이었다.

부처님의 법만 남아 있는 상법(像法) 시대에 한 바라문에게 전생에 깊고도 돈독한 복을 지어 모든 사람이 흠모하고 공경하는 딸이 있었다.

그 딸은 오고 가며 앉고 눕는 어느 때나 수많은 천신이 보살펴 주었지만, 그녀의 어머니는 삿된 도를 믿고 늘 삼보(三寶)를 하찮게 여겼다. 지혜와 복덕이 뛰어난 그녀의 딸은 온갖 방편으로 바른 믿음을 갖도록 어머니에게 권유하고 일깨웠지만, 어머니는 참된 믿음을 얻지 못한 채 그만 목숨이 다하여 혼백이 무간지옥에 떨어지고 말았다.

바라문 여인은 인과를 믿지 않은 어머니가 틀림없

---

3. 각화정자재왕여래(覺華定自在王如來)를 말한다.

이 삼악도에 떨어질 것을 알고 있었다. 이에 집을 팔아 좋은 향과 꽃 그 밖의 온갖 공양물을 마련하여 부처님을 모신 탑과 절을 찾아다니며 돌아가신 어머니를 위하여 공양을 많이 올렸다.

그러다 어느 절에서 '깨달음의 꽃을 피운 선정에서 걸림 없는 정자재왕 부처님'을 보게 되었는데, 성스러운 모습에 온갖 장엄을 다 갖춘 위엄이 있어 아름다웠다. 바라문 여인이 여래께 예배를 올리면서 믿음과 우러러 공경하는 마음이 더욱 깊어지니, 절로 그녀의 마음속에 이런 생각이 떠올랐다.

'크게 깨달으신 부처님은 모든 것을 다 아는 지혜를 갖추고 계시니, 이 세상에 계셨다면 돌아가신 어머니가 어디에 있는지 틀림없이 알 수가 있을 텐데……'

부처님을 우러러보며 바라문 여인은 오래도록 애타게 흐느껴 울면서 어머니를 그리워하였다. 그러자 홀연 허공에서 소리가 들려왔다.

"성스러운 여인이여, 너무 슬퍼하지 말라. 내 이제 그대의 어머니가 있는 곳을 알려 주리라."

성스러운 여인은 허공을 향하여 두 손 모아 합장하고 말하였다.

"누구시기에 이렇게도 저의 근심을 너그럽게 살펴 주시옵니까? 저는 어머니를 잃은 날부터 밤낮으로 어머니를 그리워하며 어느 세상에 태어났는지 알고 싶지만, 물을 곳이 없습니다."

그때 다시 여인에게 말하는 소리가 허공에서 들렸다.

"나는 그대가 예배 올린 깨달음의 꽃을 피운 선정에서 걸림 없는 정자재왕 여래이니라. 어머니를 생각하는 그대의 마음이 다른 중생과 비교할 수 없을 정도로 지극하니, 내 그대가 알고 싶어 하는 것을 일러 주려고 하느니라."

이 소리에 감격한 성스러운 여인은 어쩔 줄 몰랐다. 자기도 모르게 온몸을 땅에 던지면서 쉬지 않고 부처님께 절을 올리니, 온몸 마디마디 팔다리가 상하여 성한 곳이 한 군데도 없었다. 주위 사람들이 옆에서 부축하고 보살펴 주자 한참 만에 정신을 차리고, 그녀는 하늘을 우러러보며 사뢰었다.

"바라옵건대 부처님이시여, 부디 자비로운 마음으로 저를 가엾이 여기시어 어머니가 태어난 곳을 알려 주시옵소서. 이제 몸과 마음도 지쳐 오래지 않아 저 또한 죽고 말 것입니다."

깨달음의 꽃을 피운 선정에서 걸림 없는 정자재왕 부처님께서 성스러운 여인에게 일러 주셨다.

"공양을 올린 뒤에 빨리 집으로 돌아가 단정히 앉아서 나의 명호를 마음에 두고 끊임없이 챙겨야만 한다. 그러면 그대는 어머니가 태어난 곳을 알게 되리라."

성스러운 여인은 부처님께 예배를 올린 뒤에 집으로 돌아가 어머니의 기억을 되살렸다. 그러고는 단정히 앉아 깨달음의 꽃을 피운 선정에서 걸림 없는 정자재왕 부처님의 명호를 마음에 챙기면서 하루 낮 하룻밤을 보내자, 홀연히 어떤 바닷가에 자신이 와 있다는 것을 알게 되었다.

그 바닷가의 물은 뜨겁게 펄펄 끓고 주변에는 험하고 독을 품은 무쇠 몸을 가진 짐승들이 많았는데,

그 짐승들이 바다 위를 이리저리 날아다니면서 몰려다니고 있었다.

성스러운 여인은 펄펄 끓는 바닷물에 백천만이나 되는 많은 사람이 떠오르고 가라앉을 때마다, 사악한 짐승들이 앞다투어 그들을 잡아먹는 것을 보았다.

또 온갖 야차도 보았다. 험악한 팔이 여러 개 달려 있거나 무서운 눈이 여러 개 달린 것도 있고, 발이 여러 개 달려 있거나 머리가 여러 개 달린 것도 있었다. 입 밖으로 툭 튀어나와 있는 송곳니는 날카로운 칼이나 다름이 없었다. 야차들은 수많은 죄인을 사나운 짐승들이 있는 곳으로 몰아갔다.

또 야차들이 죄인들의 머리와 발이 서로 맞닿게 잡아 묶기도 하였는데, 그 형상이 참혹하여 차마 눈 뜨고 오래 볼 수 없었다. 하지만 염불한 공덕으로 성스러운 여인은 어떤 두려움도 없었다.

그때 그곳에 누구도 해치지 않는, 어떤 독도 없앨 수 있는 무독 귀왕이 있었다. 그는 머리 숙여 예를 올리면서 성스러운 여인을 맞이하였다.

"착한 보살이여! 어떤 인연으로 여기까지 오셨습니까?"

"이곳이 어디입니까?"

"이곳은 무쇠로 둘러싸인 큰 산 서쪽에 있는 첫 번째 바다입니다."

"제가 듣기로는 무쇠로 둘러싸인 산[1] 안에 지옥이

---

1. 무쇠로 둘러싸인 산은 '철위산'으로 불교 용어이다. 수미산을 중심으로 그 외곽에 일곱 개의

있다고 하던데 그 말이 사실입니까?"

"지옥이 있다는 것은 사실입니다."

"제가 지금 어떻게 이곳에 오게 되었습니까?"

"부처님의 위엄과 신통이 아니라면 공덕을 지은 힘으로 왔을 것입니다. 이 두 가지 인연이 아니면 이곳은 아무나 올 수 있는 곳이 아닙니다."

"이 물은 어떤 연고로 펄펄 끓고 있는 것입니까? 어떻게 여기에 저토록 많은 죄인과 무서운 짐승들이 있는 것입니까?"

"이곳은 인간세계¹에서 죄를 지은 중생이 죽은 지

산과 여덟 개의 바다가 있는데 여덟 번째의 바다가 짠 바다로 되어 있다. 남섬부주 등 사대주四大洲가 여기에 있는데, 이 짠 바다를 둘러싸고 있는 산이 철위산이다.
1. 인간세계로 번역한 남염부제(南閻浮提)는 수미산 남쪽에 있으며 우리가 사는 세계를 말한다. 염부제(閻浮提) 또는 남섬부주(南贍部洲)라고 말하기도 한다.

49일이 지나도록, 그의 고통을 벗겨 주기 위하여 공덕을 지어 주는 사람이 없거나, 살아있을 때 착한 일을 조금도 하지 않은 사람이 지은 업에 따라 지옥의 고통을 받는 곳입니다. 이런 사람은 먼저 이 바다를 반드시 거쳐 가야 합니다.

이 바다를 지나 다시 동쪽으로 십만 유순[1]을 가면 또 한 바다가 있습니다. 그곳의 고통은 여기의 배나 됩니다.

그 바다 동쪽에 또 한 바다가 있습니다. 그 고통은 다시 배나 더 보태집니다.

몸과 입과 뜻으로 나쁜 일을 지어 받게 되는 고통은 너무 많으므로, 이를 모두 통틀어 업(業)의 바다

---

1. 유순은 인도에서 거리를 재는 단위이다. 소가 끄는 수레가 하루를 가는 거리 또는 제왕의 군대가 하루를 행군하는 거리라고 말하면서 거리가 얼마나 되는 가에 여러 가지 설이 있다. 약 40Km 내지 80Km쯤 보면 되겠다.

라고 부르는데 이곳이 바로 그곳입니다."

"지옥은 어디에 있습니까?"

"업의 바다 안에 가장 큰 지옥이 있는데 그 수가 백천 개가 되고, 지옥마다 각자 다른 특성이 있습니다. 이른바 큰 지옥은 열여덟 개이고, 큰 지옥 안에 있는 다음 크기의 지옥은 오백 개나 되는데 거기에서 받는 고통은 헤아릴 수가 없습니다. 또 그다음 지옥은 천백 개가 되고 이 지옥에서도 또한 헤아릴 수 없이 많은 고통을 받게 됩니다."

"어머니가 돌아가신 지 얼마 되지 않았지만, 저는 그분의 혼백이 어디에 있는지 알고 싶습니다."

"그대 어머니께서는 살아 계실 때 어떻게 사셨는지요?"

"저의 어머니는 삿된 소견으로 삼보를 헐뜯으며 많은 비방을 하고 사신 분입니다. 제가 부처님 가르침에 대해 말씀드리면 잠시 믿는 척하다가 돌아서면 다시 공경하는 마음을 내지 않았습니다. 돌아가신 지 며칠이 지났지만 저는 아직도 어머니가 어디에 계시는지 알 수가 없어 걱정이 많이 됩니다."

"그대의 어머니는 성씨가 어떻게 되는지요?"

"저의 부모님 모두 바라문 집안인데, 아버지는 시라선현이라 하고, 어머니는 열제리라고 합니다."

"아무 걱정하지 마시고 성스러운 여인께서는 집으로 돌아가시옵소서. 너무 걱정하거나 슬퍼하지 않으셔도 됩니다.

그대의 어머니는 하늘나라에 태어난 지 벌써 사흘이나 지났습니다.

이는 효성이 지극한 딸이 어머니를 위하여 공양을 올리고 복을 지어 깨달음의 꽃을 피운 선정에서 걸림 없는 정자재왕 부처님의 탑과 절에 보시한 공덕 때문입니다.

어머니만 지옥에서 벗어난 게 아니라, 그날 무간지옥에 있던 다른 죄인도 모두 함께 고통에서 벗어나 천상에서 행복한 삶을 누리고 있습니다."

이 말을 한 뒤 무독 귀왕은 두 손 모아 합장하며 물러갔다. 성스러운 여인은 꿈에서 깨어난 듯하였다. 이 일의 의미를 분명히 알고는 바로 깨달음의 꽃을 피운 선정에서 걸림 없는 정자재왕 여래의 탑과 형상 앞에서 큰 원력을 세우고 맹세하였다.

"바라옵건대 다가오는 모든 세상이 다하도록 죄를 짓고 고통받는 많은 중생을 위하여, 제가 온갖 방편을 활용하여 그들이 고통에서 벗어날 수 있게 하여 주시옵소서."

부처님께서 문수보살에게 일러 주셨다.

"그 당시의 무독 귀왕은 오늘날 재수보살이고, 성스러운 여인은 바로 지장보살이니라."

2장. 지장보살 분신으로 중생을 제도

이때 생각할 수 없고 헤아릴 수 없으며 말할 수도 없을 정도로 많은 백천만 억 무량 아승지 세계의 온갖 지옥에 있던 지장보살의 분신이 도리천 궁전으로 모두 모여들었다.

여래의 위엄과 신통으로 자기가 있던 곳에서 해탈하고, 죄업에서 벗어난 사람 또한 천만 억 나유타나 모여들었다. 그들은 좋은 향이나 꽃을 가지고 와서 모두 함께 부처님께 공양을 올렸다.

함께 온 모든 사람은 지장보살의 교화로 높고도 바른 깨달음의 마음자리에서 영원히 물러나지 않을 사람들이었다.

이전에 이들은 오랜 세월 육도(六道) 생사에 빠져 받는 고통이 잠시도 그친 적이 없었는데, 지장보살의 크나큰 자비와 원력으로 말미암아 저마다 깨달음을 얻고 도리천 궁전으로 오게 되었다. 뛸 듯이 기뻐하는 마음으로 이들은 부처님을 우러러보며 잠시도 눈을 떼지 않았다.

이때 세존께서 황금빛 팔을 드셨다. 그리고 생각할 수도 없고 헤아릴 수도 없으며 말할 수도 없을 정도로 많은 백천만 억 무량 아승지 세계에 있는 모든 지장보살 분신의 정수리에 손을 얹고 말씀하셨다.

"나는 어지러운 세상에서 집착 많은 억센 중생을 교화하며, 그들의 마음을 잘 다잡아 삿된 마음을 버리고 바른길로 가게 하였다.

하지만 열 가운데 한둘은 지금도 나쁜 버릇에 길이 들어 있으므로, 나 또한 천백 억 분신으로 온갖 방편을 베풀어 이들 중생을 교화하였다. 총명한 사람들은 곧 알아듣고 믿어 받아 지니기도 하였고, 착하고 선한 사람들은 부지런히 권유하면 가르침을 그대로 실천하였다.

그러나 어리석은 사람들은 오래도록 교화해야 겨우 바른길로 돌아왔고, 업장이 두터운 사람들은 아무리 가르쳐도 우러러 공경하는 마음을 내지 않았다.

이와 같이 중생들은 저마다 근기에 많은 차이가 있었다. 그러므로 그들의 근기에 맞게 몸을 나투어서 제도해야만 했다.

중생들에게 남자나 여자의 몸으로 나타나기도 하

고, 천룡이나 귀신의 몸을 드러내기도 하였다.

산·숲·내·들판·강·연못·우물 등의 모습으로 나타나 많은 사람에게 온갖 이익을 주고 모두 다 제도하여 해탈시키기도 하였다.

또 제석천왕·범천왕·전륜성왕·거사의 몸으로 나타나기도 하였다. 혹은 임금·재상·관리의 몸으로 나타나기도 하였다.

혹은 비구·비구니·우바새·우바이[1]·성문·아라한·벽지불[2]·보살 등의 몸으로 나타나 제도하기도 하니, 부처님의 몸으로만 중생을 교화하는 것이 아니었다.

---

1. 비구는 남자 스님, 비구니는 여자 스님, 우바새는 남자 신도, 우바이는 여자 신도이다. 이 넷을 합쳐 사부대중이라고 한다.
2. 성문은 부처님의 가르침을 듣고 공부하는 수행자이고, 아라한은 소승에서 최고의 경지를 터득한 수행자이며, 벽지불은 연각(緣覺)이라고도 하니 연기법의 이치를 스스로 터득한 수행자를 말한다. 이는 모두 소승의 수행자에 속한다.

그대들은 집착이 많아 죄를 짓고 고통받는, 교화하기 어려운 중생을 내가 오랜 세월 많은 겁에 걸쳐 부지런히 애를 쓰며 제도하는 것을 보았다.

그런데 아직도 교화가 안 되어 지은 업에 따라서 삼악도에 떨어져 큰 고통을 받는 사람이 있다면, 그대들은 내가 도리천 궁전에서 애틋한 마음으로 당부한 것을 기억하고 잊지 말아야 한다.

사바세계에 미륵 부처님이 출현하실 때까지 노력하여, 중생들이 온갖 고통에서 벗어나 미륵 부처님의 수기를 받게 해주어야 한다."

이때 화신으로 있던 모든 세계의 지장보살 분신이 다시 한 몸이 되었다. 그리고 눈물을 흘리면서 중생들의 고통을 가슴 아파하며 부처님께 사뢰었다.

"오랜 세월 저는 부처님의 가르침을 받고 불가사의한 신통력과 큰 지혜를 갖추었습니다. 제 몸을 나누면 백천만 억 갠지스강 모래알 수만큼이나 많은 세계에 가득하고, 한 세계 한 세계에서 다시 백천만 억 화신이 됩니다.

그 화신 하나하나마다 백천만 억 중생을 제도하여 삼보에 귀의토록 하니, 영원히 생사윤회에서 벗어나 열반의 즐거움을 누리게 될 것입니다.

아울러 부처님의 법으로 터럭 한 올, 물 한 방울, 모래 한 알, 티끌 하나, 머리털 끝만큼이라도 좋은 일을 한 사람이 있다면 저는 시나브로 그를 교화하여 큰 이익을 얻게 하겠습니다.

세존이시여, 부디 뒷날 악업 중생들에 대한 근심 걱정은 거두어 주시옵소서.

세존이시여, 부디 뒷날 악업 중생들에 대한 근심 걱정은 거두어 주시옵소서.

세존이시여, 부디 뒷날 악업 중생들에 대한 근심 걱정은 거두어 주시옵소서."

그때 부처님께서 지장보살을 찬탄하셨다.

"장하고 장하도다. 내 그대와 함께 기뻐하리니 그대의 원력은 성취되리라. 오랜 세월 큰 서원을 세워 온갖 중생을 제도하니 마침내 큰 깨달음을 얻게 될 것이다."

3장. 중생의 업으로 가는 무간지옥의 온갖 모습

이때 마야 부인이 두 손 모아 합장하고 공손하게 지장보살에게 여쭈었다.

"성스러운 분이시여, 이 세상 중생들이 짓는 업의 모습은 어떠하며, 업의 과보는 어떠한 것이 있습니까?"

"천만 세계 그 국토를 살펴보면 지옥이 있기도 하고 없기도 합니다. 혹 여인이 있기도 하고 없기도 하며 혹 불법이 있기도 하고 없기도 합니다. 나아가 성문이나 벽지불 또한 그와 같습니다. 이처럼 지옥에서 받는 업의 결과물도 하나같이 똑같은 것은 아닙니다."

"저는 이 세상에서 지은 죄로 떨어지는 삼악도[1]의 모습에 대하여 듣고자 하옵니다."

"성모시여, 제가 간단하게 말씀드리겠사오니 들어주시옵소서."

"성스러운 분께서는 설하여 주시옵소서."

"세상에서 받게 되는 죄의 모습에는 이러한 것이 있습니다.

만약 어떤 중생이 부모에게 불효하고 살해까지 한다면, 이 사람은 무간지옥에 떨어져 천만 억겁이 지나도 거기에서 빠져나올 기약이 없을 것입니다.

---

1. 삼악도란 지옥·아귀·축생계를 말한다. 몸과 입과 뜻으로 지은 나쁜 업의 과보를 받아 중생들이 태어나는 곳이다.

혹 어떤 중생이 부처님의 몸에 피를 내고 삼보를 헐뜯으며 경전을 소중하게 여기지 않는다면, 이 사람은 무간지옥에 떨어져 천만 억겁이 지나도 거기에서 빠져나올 기약이 없을 것입니다.

혹 어떤 중생이 절에 들어온 시주 물품에 함부로 손을 대고, 비구니 스님들을 욕보이며 절 안에서 음행을 저지르거나 살생 혹은 해악을 입히게 되면, 이와 같은 사람들은 무간지옥에 떨어져 천만 억겁이 지나도 거기에서 빠져나올 기약이 없을 것입니다.

혹 어떤 중생이 거짓으로 스님 행세를 하며 절의 시주 물품을 함부로 쓰거나 재가 신도들을 속이고 계율을 어겨 온갖 악행을 저지른다면, 그런 무리는 무간지옥에 떨어져 천만 억겁이 지나도 거기에서 빠져나올 기약이 없을 것입니다.

혹 어떤 중생이 절의 시주 물품을 도둑질하고 재물·곡식·음식·의복 내지 조그마한 물건이라도 주지 않은 것을 제멋대로 갖는다면, 이들은 무간지옥에 떨어져 천만 억겁이 지나도 거기에서 빠져나올 기약이 없을 것입니다.

성모시여, 혹 어떤 중생이 이런 다섯 가지 죄를 짓는다면 어김없이 무간지옥에 떨어질 것입니다. 그 무간지옥에서는 한 찰나라도 혹독한 고통이 그치기를 바라지만 그마저 이루지 못할 것입니다."

"무간지옥이란 어떤 곳입니까?"

"성모님이시여, 무쇠로 둘러싸인 큰 산 대철위산 안에 많은 지옥이 있는데, 큰 지옥이 열여덟 개가 있습니다.

이 지옥 다음 크기의 지옥은 저마다 이름이 다르며 오백 개가 있습니다. 그다음 지옥도 저마다 이름을 가지고 있으며 천백 개가 있습니다. 그 가운데 무간지옥이 있는데 그곳이 어떤 지옥인지 말씀드리겠습니다.

지옥에 있는 성의 둘레는 팔만 리가 되고, 쇠로 만들어진 그 성은 높이가 일만 리나 됩니다. 성 위에는 빈틈없이 시뻘건 불덩어리가 타오르고, 그 안에 이름이 다른 온갖 지옥이 다닥다닥 붙어 있습니다. 그 가운데 한 지옥이 있어 이름을 무간지옥이라 합니다. 그 지옥의 둘레는 만 팔천 리가 되고 담장 높이는 일천 리가 되며 모두 순 무쇠로 에워싸져 있습니다.

위에 있는 불은 밑으로 내려 뻗치고 밑에 있는 불은 위로 솟구치고 있는데, 순 무쇠로 된 독살스럽게 생긴 뱀과 개가 불을 토하며 담장 위에서 동쪽으로 서쪽으로 이리저리 분주하게 내달리고 있습니다.

그 지옥 안에 평상이 있는데 두루 사방 일만 리 안에 가득 차 있습니다. 죄인이 벌을 받게 될 때 자기 몸이 지옥에 가득 차 있는 평상만큼 늘어나 그 위에 누워 있는 것을 어쩔 수 없이 보게 됩니다.

천만 명이 벌을 받을 때도 죄인들은 모두 자기 몸이 지옥에 가득 차 있는 평상만큼 늘어나, 그 위에 누워 있는 자기 모습을 저마다 저절로 보게 됩니다. 중생들이 지은 업에 따라 벌을 받는 게 이와 같습니다.

또 죄인들은 모두 혹독한 고통을 받아야만 합니다. 이빨은 칼날 같고 눈은 번갯불 같은 천백이나 되는 야차와 악귀들이 구리로 된 긴 손톱으로 죄인들을 찍어서 이리저리 끌고 다니기도 합니다.

또 어떤 야차는 큰 삼지창 날 사이로 죄인의 몸과 입과 코를 사정없이 찌르기도 합니다. 등과 배를 창끝에 꿰어 마음대로 공중 높이 이리저리 휘젓다가 뜨거운 평상 위에 내려놓기도 합니다.

또 무쇠 송골매는 죄인들의 눈을 쪼아 먹기도 하고, 무쇠 뱀은 죄인들의 목을 칭칭 감아 조이기도 합니다.

몸 마디마디에 긴 못을 빠짐없이 박기도 하고, 혀를 가느다랗게 쭉 뽑아 잡아당기며, 그 위에서 밭을 가는 것처럼 쟁기를 끌기도 하고, 창자를 후벼내고 토막토막 자르기도 합니다.

구리를 녹인 물을 입안에 사정없이 붓기도 하고, 뜨거운 쇠줄로 몸을 꽉 조여 묶고는 만 번 죽였다 만 번 살아나게 하기도 합니다.

지은 업으로 벌을 받는 모습이 이러한데 억겁의 세월이 흘러도 거기에서 빠져나올 기약이 없습니다. 이 세계가 무너지면 다른 세계로 옮겨 가고, 그 세계가 무너지면 또 다른 세계로 옮겨 갑니다. 그 다른 세계가 무너지면 또 다른 세계로 옮겨 다닙니다. 그러다가 이 세계가 다시 생겨나면 다시 이 세계로 돌아오니 무간지옥에서 받는 죄악의 과보가 이와 같습니다.

또 다섯 가지 업보 때문에 무간지옥이라 부르니, 그 다섯 가지가 무엇이겠습니까?

첫째, 밤낮으로 벌을 받는 일이 영원토록 잠시도 멈추지 않으므로, 이를 무간지옥이라 부르는 것입니다.

둘째, 고통받는 사람이 한 사람일 때도 극심한 고통이 지옥에 가득하고, 고통받는 사람이 수없이 많을 때도 극심한 고통이 지옥에 가득 차므로, 이를 무간지옥이라 부르는 것입니다.

셋째, 이 지옥에서 벌을 주는 기구로는 무쇠 작살이나 몽둥이가 있고, 무쇠 송골매와 무쇠 늑대나 개도 있으며, 사람의 몸을 가루처럼 갈아대는 디딜방아와 맷돌도 있고, 사람의 뼈를 자르는 톱과 후벼내는 끌과 토막 내는 도끼도 있으며, 사람을 통째로 삶는 펄펄 끓는 가마솥도 있습니다. 무쇠 그물과 밧줄도 있고 무쇠 나귀와 말도 있습니다.

이곳에서는 생가죽으로 목을 감아 조르고, 벌겋게

달군 쇳물을 몸에 뿌리기도 합니다. 배고프면 시뻘건 쇳덩이를 삼키게 하고, 목마르면 벌건 쇳물을 들이마시게도 합니다. 해와 달이 오고 가며 겁이 다하도록 그 세월이 나유타가 되어도 참을 수 없는 혹독한 고통이 끊임없이 이어지기 때문에, 이를 무간지옥이라 부르는 것입니다.

넷째, 이 지옥의 고통은 남자나 여자를 가리지 않고 늙고 젊은 것도 따지지 않습니다. 가난뱅이와 부자도 가리지 않고 귀하고 천한 신분도 따지지 않으며 어디 태생인지 묻지도 않습니다.

천룡과 귀신, 하늘의 신이라도 죄를 지으면 모두 똑같이 그 벌을 받으므로, 이를 무간지옥이라 부르는 것입니다.

다섯째, 이 지옥에 떨어지면 백천 겁의 세월 동안

하루 낮 하룻밤에 만 번 죽고 만 번 태어나야만 합니다. 그동안 극심한 고통은 한순간도 멈추지를 않습니다. 오로지 죄로 받는 벌이 다 없어지고 나서야 겨우 다른 곳에 태어날 수 있습니다. 이런 혹독한 고통이 끊임없이 이어지기 때문에, 이를 무간지옥이라 부르는 것입니다.

무간지옥을 대략 설명하여 보면 이와 같습니다. 만약 지옥에서 벌을 주는 기구의 명칭이나 그것이 주는 고통스러움에 대하여 상세히 설명하자면 한 겁 동안 말을 해도 다 하지 못할 것입니다."

마야 부인은 무간지옥의 이야기를 다 듣고는, 중생들에 대한 근심 걱정으로 슬픔에 잠긴 채 두 손 모아 합장하며 지극한 예를 올리고 그 자리에서 물러났다.

4장. 지장보살의 전생 이야기

이때 지장보살이 부처님께 사뢰었다.

"세존이시여, 제가 부처님의 위엄과 신통으로 지금까지 백천만 억 세계에 두루 몸을 나투어 모든 중생의 업보를 남김없이 제거하여 구원하였습니다. 만약 부처님의 크나큰 자비심이 아니었다면, 이와 같은 일을 해내지 못했을 것입니다.

제가 이제 다시 부처님의 당부를 받아 아일다[1] 보살이 미륵 부처님으로 성불할 때까지, 육도의 중생이 모든 고통에서 벗어날 수 있도록 돕고자 하옵니다. 바라옵건대 세존께서는 뒷날의 중생에 대한

---

1. 다가오는 세상에서 전륜성왕이 되었다가 먼 훗날 이 세상의 미륵 부처님이 될 석가모니 부처님의 제자이다.

지나친 근심과 걱정은 거두어 주시옵소서."

부처님께서 지장보살에게 이르셨다.

"중생이 지금까지 해탈하지 못하는 것은 모두 부처님의 세상으로 가는 확고한 성품이 없으므로, 좋고 나쁜 업의 인과응보로 받는 육도의 생사윤회를 잠시도 멈출 틈이 없었기 때문이다.

헤아릴 수 없이 많은 겁이 지나도 없애기 어려운 어리석은 중생의 업장은, 마치 물고기가 큰 그물 안에 갇혀 있는 것과 같으니, 자유를 얻기 위하여 잠시 작은 그물을 빠져나왔더라도 여전히 큰 그물 안에 갇혀 있기 때문이다.

이런 중생 때문에 나는 늘 근심하고 걱정하였다. 그런데 그대가 이미 오래전에 세운 원력으로 기나긴 세월 속에서 온갖 죄업 중생을 널리 제도하겠다고 하니, 내가 무엇을 더 근심 걱정할 필요가 있겠느냐."

부처님께서 이런 말씀을 하실 때 법회에 참석했던 '선정에서 걸림 없는 정자재왕(定自在王) 보살'이 부처님께 사뢰었다.

"세존이시여, 지장보살이 아득한 옛적부터 오랜 세월 어떤 원을 세웠기에 지금 세존께서 그토록 애틋하게 찬탄하고 계십니까? 바라옵건대 세존께서 말씀하여 주시옵소서."

이때 세존께서 선정에서 걸림 없는 정자재왕 보살에게 일러 주셨다.

"잘 듣고 곰곰이 생각하여 보아라. 내가 그대를 위하

여 말해 주리라. 지난 과거 무량 아승지 나유타, 말로는 다 할 수 없을 만큼 많은 겁에 모든 지혜를 성취하신 '여래 응공 정변지 명행족 선서 세간해 무상사 조어장부 천인사 불세존'[1]이라는 부처님이 계셨다. 그 부처님의 수명은 육만 겁이고 출가하시기 전에는 작은 나라의 왕이었다. 친한 벗인 이웃 왕과 늘 '열 가지 좋은 일'[2]을 함께 실천하여 많은 중생을 이롭게 하였다.

하지만 또 다른 이웃 나라 백성들은 온갖 나쁜 짓을 저지르며 살고 있었기에 두 나라 왕은 서로 의논하고 도와 온갖 방편으로 이들을 교화하였다.

한 분의 왕은 원을 세워 '어서 성불하여 이 무리를

---

1. 부처님의 특성과 공덕을 가지고 여러 가지 관점에서 다르게 부르는 열 가지 명호이다. 보통 여래 십호(十號)라고 말한다.
2. 몸과 입과 뜻으로 짓는 열 가지 좋은 업을 합쳐 십선(十善)이라 하고, 그 반대는 십악(十惡)이라 한다. 불살생, 불투도, 불사음, 불망어, 불악구, 불양설, 불기어, 불탐욕, 부진에, 불사견을 십선이라 한다.

하나도 남김없이 제도할 것이다.'라고 하였고, 또 한 분의 왕은 원을 세워 '만약 저들이 혹독한 죄업의 고통에서 빨리 벗어나 깨달음을 이루어 행복한 삶을 살지 못한다면 나는 결코 성불하기를 원하지 않을 것이다.'라고 하였다."

부처님께서 다시 선정에서 걸림 없는 정자재왕 보살에게 말씀하셨다.

원을 세워 '성불하여 중생을 제도하겠다.'라고 한 왕은 '온갖 것을 아는 지혜를 성취한 일체지 성취여래(一切智 成就 如來)'이며, 또 원을 세워 '죄를 짓고 고통받는 모든 중생을 영원히 구제하기 전에는 결코 성불을 원치 않는다.'라고 한 왕은 지장보살이었다.

또 과거 무량 아승지겁의 세월 속에 부처님이 계셨

는데 이름이 '맑고 깨끗한 연꽃 눈동자 청정연화목(淸淨蓮華目) 여래'라고 하였다. 그 부처님의 수명은 사십 겁의 세월이었다.

그 부처님이 안 계시고 그분의 말씀만 전해오는 시대에 한 아라한이 있었는데, 이 아라한은 복을 주는 것으로 중생들을 제도하였다. 그러다 한 여인을 만났는데 이름이 눈 밝은 여인 광목(光目)이었다. 그녀가 음식을 준비하여 공양을 올리자, 아라한이 물었다.

"그대의 소원이 무엇입니까?"

눈 밝은 여인이 말하였다.

"저는 어머니가 돌아가신 날 어머니를 위하여 복을 지어 천도하고자 했습니다. 그러나 어느 곳에 어머니가 태어나셨는지 아직 모르고 있습니다."

이를 안타깝게 여긴 아라한이 선정에 들어가 눈 밝은 여인의 어머니를 찾아보니, 삼악도로 떨어진 여인의 어머니가 극심한 고통을 받고 있었다. 다시 아라한이 그 여인에게 물었다.

"살아생전에 그대의 어머니가 어떤 일을 하였기에 지금 삼악도에서 극심한 고통을 받게 된 것입니까?"

"저의 어머니는 살아생전에 물고기와 자라 같은 것을 많이 즐기시고 그 새끼들까지 매몰차게 마구 잡아먹었습니다. 구워서 먹기도 하고 지져서 먹기도 하여 당신 입맛대로 드셨으니, 그 숫자를 헤아릴 수 없을 것입니다. 아라한 존자께서 자비를 베푸시어, 어떻게 하든지 가엾은 저의 어머니를 구해

주시옵소서."

아라한은 이 애틋한 청을 받아들여 눈 밝은 여인에게 방편을 일러 주었다.

"그대는 맑고 깨끗한 연꽃 눈동자 청정연화목(淸淨蓮華目) 여래를 지극정성으로 마음속에 챙기고 염불하셔야 합니다. 아울러 그 형상을 그리거나 흙이나 좋은 옥으로 성스러운 성상을 만들어 조성한다면, 산 사람은 물론 죽은 사람도 함께 좋은 일이 일어날 것입니다."

눈 밝은 여인은 이 말을 듣고 곧 아끼던 물건들을 팔아, 그 돈으로 부처님의 성스러운 형상을 품위 있고 아름답게 조성하여 공양을 올렸다.

어머니의 어려운 처지만 생각하면 슬피 울었지만,

부처님께 공경하는 마음으로 공양을 올리면서 예배를 올렸다. 그러자 홀연 새벽녘 꿈에 부처님을 뵙게 되었다.

부처님의 몸은 황금빛으로 찬란하고 수미산처럼 위엄이 있으며 밝고 큰 광명이 뿜어져 나왔다. 부처님은 눈 밝은 여인에게 말씀하셨다.

"머지않아 어머니는 그대의 집안에 태어날 것이다. 그 어린 아기가 배고프고 추운 것을 가릴 줄 알게 될 때 곧 무슨 말을 하게 될 것이다."

그런 뒤 집안에서 여자 종이 아들을 낳게 되었다. 사흘이 채 못 되었을 때, 아직 어린 아기가 머리를 조아리고 슬피 울며 눈 밝은 여인에게 말하였다.

"생사의 업연에서 오는 인과는 스스로 받는 것이

다. 나는 네 어미인데 오랫동안 어두운 저승에 갇혀 있었다. 죽어 헤어진 뒤 여러 차례 큰 지옥에 떨어졌지만, 지금 네가 지은 복덕의 힘으로 이번 생에 사람으로 태어났다. 하지만 비천한 데다 수명이 짧아 열세 살에 죽고 다시 삼악도에 떨어질 것이니, 어떻게 하든지 부디 이 힘든 고통에서 어미가 벗어날 수 있게 해다오."

눈 밝은 여인은 이 말을 듣고 이 아기가 틀림없이 자신의 어머니라는 것을 알고는, 목이 메도록 슬피 울면서 종의 자식으로 태어난 어머니에게 말하였다.

"저의 어머니라면 살아생전에 지은 죄를 본인이 너무 잘 아실 것입니다. 무슨 잘못을 저질렀기에 다시 삼악도로 떨어져야 합니까?"

아기로 환생한 어머니가 대답하였다.

"산 생명을 죽이면서 불법을 헐뜯고 비방한 두 가지 죄로 지옥에서 벌을 받게 되었다. 만약 너의 복덕에서 나오는 힘이 아니었다면 나는 구제받기 어려웠을 것이다. 너의 공덕으로 내가 구제받지 못했더라면 나는 업보 때문에 혹독하고 극심한 고통에서 아직 벗어나지 못했을 것이다."

눈 밝은 여인이 물었다.

"죄를 지어 받는 벌로 지옥에서는 어떤 것이 있었나요?"

어머니가 대답하였다.

"벌을 받는 고통은 차마 말로 다 표현할 수가 없다.

백천 세월 동안 이야기한다 해도 이루 다 말할 수 없을 것이다."

이 말을 듣고 눈 밝은 여인은 하염없이 눈물을 흘리면서 슬피 통곡하며 하늘을 우러러 말하였다.

"바라옵건대 저의 어머니를 지옥에서 영원히 벗어나게 해주시옵소서. 열세 살이 되더라도 다시 혹독하고 극심한 고통이 있는 삼악도로 떨어지는 일은 없게 하여 주시옵소서.

시방세계 모든 부처님께서는 저를 애틋하게 여기시고, 어머니를 위하여 온갖 원력을 세운 저의 소원을 들어주시옵소서.

저의 어머니가 삼악도를 벗어나게 하고, 천한 몸과 여인의 몸을 영원히 받지 않게 하여 주시옵소서.

그렇게만 된다면 저는 맑고 깨끗한 연꽃 눈동자 여래 앞에서 다짐하옵니다. 오늘부터 백천만 겁의 모든 세계에 있는 지옥과 삼악도에서 고통받는 중생을 빠짐없이 구원할 것을 약속드리옵니다. 이와 같은 지옥에서 죄의 대가로 혹독한 고통을 받아야 하는 중생이 모두 성불해야 저도 그 뒤에 성불할 것을 약속드리옵니다."

서원을 마치자, 이 말을 다 듣고 있던 맑고 깨끗한 연꽃 눈동자 여래께서 눈 밝은 여인에게 말씀하셨다.

"눈 밝은 여인이여, 그대는 크나큰 자비심으로 어머니를 위하여 그토록 갸륵하고도 큰 원력을 세웠구나. 내가 그대의 어머니를 보니 열세 살로 이 세상을 마치면 고통에서 벗어나 하늘나라에 태어날 것이다. 그 수명은 백 세가 될 것이며, 그 삶이 지나간 뒤에 근심과 걱정이 없는 국토에 태어나니, 그 수명은 헤아릴 수 없는 겁이 될 것이다.

그 뒤 깨달아 부처님의 세상을 얻고 하늘과 인간 세상을 널리 제도할 것이니, 그 수가 갠지스강 모래알 수만큼이나 많을 것이다."

부처님께서 선정에서 걸림 없는 정자재왕 보살에게 말씀하셨다.

"그때 복덕으로 눈 밝은 여인 광목(光目)을 제도한 아라한이 지금 무진의보살이고, 눈 밝은 여인의 어머니는 바로 해탈 보살이며, 눈 밝은 여인은 지장보살이다. 지장보살은 과거 오랜 겁 동안 이토록 중생을 애틋하게 여겨 그 자비심으로 갠지스강 모래알 수만큼이나 많은 원력을 세워 온갖 중생을 제도하였다.

다가오는 세상에서는 남자든 여자든 좋은 일을 하지 않고 나쁜 일을 행하거나 인과를 믿지 않는 사람은 모두 삼악도에 떨어질 것이다.

삿된 음행이나 망언을 하거나 이간질하고, 헐뜯거나 험상궂은 말을 하는 사람들도 삼악도에 떨어질 것이다.

대승을 헐뜯고 비방하는 이런 업을 짓는 중생들도 반드시 삼악도에 떨어질 것이다.

그러나 이런 사람들이 선지식을 만나 그분 권유로 손가락을 한 번 튕기는 짧은 동안만이라도 지장보살에게 귀의한다면, 이 중생들은 모두 삼악도에서 벗어나게 될 것이다.

지극한 마음으로 지장보살에게 귀의하고 우러러

예배하며 찬탄하는 사람은, 다가오는 세상 백천만 억겁 동안 늘 천상에서 으뜸가는 오묘한 즐거움을 누리게 될 것이다.

향이나 꽃, 의복과 갖가지 보배 또는 음식으로 지장보살님께 공양을 올리고 받드는 사람은, 다가오는 세상 백천만 억겁의 세월 동안 늘 천상에서 으뜸가는 오묘한 즐거움을 누리게 될 것이다.

만약 하늘의 복이 다하여 인간 세상에 태어나더라도 백천 겁의 세월 속에서 늘 세상의 제왕이 되고 전생의 삶에서 오는 인과가 얼마나 두려운 것인지 기억할 것이다.

선정에서 걸림 없는 정자재왕 보살이여, 지장보살은 이와 같은 불가사의한 위엄과 신통으로 널리 중생을 이롭게 하느니라. 그대 보살들은 모두 이 가르침을 기록하여 널리 세상에 유포하도록 하라."

선정에서 걸림 없는 정자재왕 보살이 부처님께 사뢰었다.

"세존이시여, 바라옵건대 중생들에 대한 지나친 근심과 걱정은 거두어 주시옵소서. 저희 천만 억 보살은 반드시 부처님의 위엄과 신통으로 이 세상에 이 가르침을 널리 유포하여 모든 중생을 이롭게 할 것입니다."

말을 마친 선정에서 걸림 없는 정자재왕 보살이 세존께 아뢰고 두 손 모아 합장 공경하며 예를 올리고 물러났다.

이때 사천왕이 자리에서 일어나 두 손 모아 합장

공경하며 부처님께 사뢰었다.

"세존이시여, 지장보살은 이처럼 오랜 세월 큰 원력을 세워 왔습니다. 그런데 어찌하여 지금까지 중생을 다 제도하지 못하고 거듭 광대한 서원만 말하는 것입니까? 바라옵건대 세존께서는 저희를 위하여 이 의문을 풀어주시옵소서."

"참으로 좋은 질문이다. 내 이제 그대들과 현재뿐만 아니라 다가오는 세상의 하늘과 인간 세상에 온갖 이익을 주기 위하여, 지장보살이 이 세상의 생사윤회로 가는 길에서 죄를 짓고 고통받는 온갖 중생을 자비심으로 가엾이 여겨 제도하는 방편을 설하여 주리라."

"세존이시여, 기쁜 마음으로 듣고자 하옵니다."

"지장보살은 지금까지 오랜 세월 동안 중생들을 제도하여 왔지만, 아직도 그 원을 다 이루지 못하였다. 무엇 때문인가?

자비심에서 안타까운 마음으로 다가오는 세상 헤아릴 수 없는 겁의 세월을 이 세계에서 죄를 짓고 고통받는 중생들을 낱낱이 다시 살펴보니, 엉킨 실타래와 같은 중생의 인연이 끊어지지 않았으므로 새롭게 거듭 원력을 세워야 했기 때문이다. 이처럼 지장보살은 사바세계에서 백천만 억 방편으로 온갖 중생을 교화하였느니라.

사천왕이여, 지장보살은 살생하는 사람을 만나면 그 업보로 재앙이 와서 명이 짧아지는 벌을 받게 된다고 말하여 준다.

도적질하는 사람을 만나면 그 업보로 가난해지고

극심한 고통을 받게 된다고 말하여 준다.

삿된 음행을 하는 사람을 만나면 그 벌로 참새나 비둘기 또는 원앙으로 태어난다고 말해 준다.

험한 말을 하는 사람을 만나면 집안 살붙이가 서로 다투는 벌을 받게 된다고 말하여 준다.

헐뜯고 비방하는 사람을 만나면 혀가 없거나 입에 부스럼이 나는 벌을 받게 된다고 말하여 준다.

화를 내는 사람을 만나면 추하고 비루하게 야위는 벌을 받게 된다고 말하여 준다.

인색한 사람을 만나면 구하는 게 뜻대로 이루어지지 않는 벌을 받게 된다고 말하여 준다.

음식을 보고 절제하지 못하는 사람을 만나면 굶주림과 목구멍에 병이 생기는 벌을 받게 된다고 말하여 준다.

사냥을 좋아하는 사람을 만나면 깜짝깜짝 놀라 미치면서 목숨을 잃게 되는 벌을 받게 된다고 말하여 준다.

부모에게 패륜하고 거역하는 사람을 만나면 천재지변으로 죽는 벌을 받게 된다고 말하여 준다.

산불을 내는 사람을 만나면 미쳐서 죽게 되는 벌을 받게 된다고 말하여 준다.

전생과 후생에 부모에게 악독하게 구는 사람을 만나면 다시 태어나 가죽 채찍으로 심한 매를 맞는 벌을 받게 된다고 말하여 준다.

어린 산새를 그물로 잡는 사람을 만나면 부모 형제가 서로 헤어지는 벌을 받게 된다고 말하여 준다.

삼보를 헐뜯고 비방하는 사람을 만나면 눈이 멀거나 귀가 들리지 않고 말하지 못하는 벌을 받게 된다고 말하여 준다.

부처님의 가르침을 업신여기는 사람을 만나면 영영 삼악도에 떨어지는 벌을 받게 된다고 말하여 준다.

절집의 물건을 함부로 쓰거나 파괴하는 사람을 만나면 억겁 동안 지옥을 윤회하는 벌을 받게 된다고 말하여 준다.

스님을 욕보이고 속이는 사람을 만나면 영원히 축생으로 태어나 벌을 받게 된다고 말하여 준다.

살아있는 생명을 펄펄 끓는 물이나 타는 불에 집어넣거나 칼이나 도끼로 해치는 사람을 만나면 육도에 윤회하면서 서로 앙갚음하는 벌을 받게 된다고 말하여 준다.

계율을 어기고 정갈한 삶을 어지럽히는 사람을 만나면 짐승이 되어 굶주림을 당하는 벌을 받게 된다고 말하여 준다.

터무니없이 재물을 쓰거나 망가뜨리는 사람을 만나면 뒷날 구하려는 것을 하나도 구할 수 없게 되는 벌을 받을 것이라고 말하여 준다.

잘났다는 마음이 높은 사람을 만나면 비천한 종이 되어 남의 부림을 당하는 벌을 받게 된다고 말하여 준다.

의도적으로 이간질하여 싸움을 일으키는 사람을 만나면 혀가 아예 없거나 아니면 혀가 백 개나 되는 벌을 받게 된다고 말하여 준다.

삿된 소견을 지닌 사람을 만나면 외딴 변두리에 태어나 쓸쓸하고 고독하게 살아가는 벌을 받게 된다고 말하여 준다.

이처럼 세상 사람이 '몸과 말과 뜻으로 지은 나쁜 업'[1]으로 벌을 받게 되는 고통이 참으로 많고 많지만, 이를 간략하게 말했을 뿐이다.

지장보살은 이와 같이 업에 따라 각각 다른 벌을 받게 되는, 이 세상 사람들을 위하여 온갖 방편으로 교화해야 한다.

---

1. 중생들이 몸과 입과 뜻으로 짓는 업을 통틀어서 신구의(身口意) 삼업(三業)이라고 한다.

그럼에도 불구하고 이와 같은 벌을 먼저 받고 나서 뒷날 지옥으로 떨어진다면, 이들은 오랜 세월 거기에서 벗어날 기약이 없을 것이다. 그러므로 그대들은 중생과 그들의 나라를 잘 지키고 보호하면서 이들이 어리석게 살지 않도록 해야 한다."

사천왕은 이런 설명을 다 듣고는 눈물을 흘리면서 중생의 어리석음을 슬퍼하며 탄식하였다. 그리고 부처님께 두 손 모아 합장하고 예를 올리면서 그 자리에서 물러났다.

5장. 지옥의 많은 이름과 받아야 할 고통

이때 보현보살[1]이 지장보살에게 말하였다.

"어지신 분이시여, 바라옵건대 천룡팔부와 미래 현재의 모든 중생을 위하여, 사바세계에서 죄를 짓고 그 벌로 극심한 고통을 받아야 할 중생이 가는 지옥의 이름과 거기서 받는 무서운 벌을 설하여 주옵소서. 그리하여 다가오는 세상에서 말법 중생이 지옥의 벌을 잘 알게 하여 주옵소서."

지장보살이 대답하였다.

"어지신 분이시여, 내 이제 부처님의 위엄과 신통

---
[1] 보현보살은 우측에서 부처님을 모시고 있는 형상으로 많이 그려지므로 우협시(右脅侍) 보현보살이라고 한다. 좌협시(左脅侍)는 문수보살이다. 보현은 보살행을 상징하고 흰 코끼리를 타는 모습으로 많이 나타난다.

으로 지옥의 이름과 죄를 짓고 받는 벌을 간략하게 말씀드리겠습니다.

어지신 분이시여, 이 세상 동쪽에 무쇠로 둘러싸인 산이 있습니다. 그 산은 깜깜하고 깜깜하여 햇빛이나 달빛도 볼 수 없습니다. 그곳에 큰 지옥이 있으니 이름을 극무간(極無間) 지옥이라고 합니다. 또 다른 지옥은 그 끝이 보이지를 않아 대아비(大阿鼻) 지옥이라 하고, 또 다른 지옥은 사각(四角)이라 하며, 또 다른 지옥은 날아다니는 칼이 난무한다고 하여 그 이름을 비도(飛刀)라고 합니다.

또 다른 지옥이 있으니 불화살을 쏜다고 하여 화전(火箭)이라 하고, 또 다른 지옥은 산 사이에 죄인을 두고 가루를 만든다고 하여 협산(夾山)이라 하며, 또 다른 지옥은 죄인을 날카로운 창이 삐져나오도록 찌른다고 하여 통창(通槍) 지옥이라 합니다.

또 다른 지옥이 있으니 쇠수레로 가둔다고 하여 철거(鐵車)라 하고, 또 다른 지옥이 있으니 시뻘겋게 달군 무쇠 상 위에 올려놓고 벌을 주므로 철상(鐵床)이라 하며, 또 다른 지옥이 있으니 무쇠 소가 있다고 하여 철우(鐵牛) 지옥이라 합니다.

또 다른 지옥이 있으니 무쇠로 만든 옷을 입힌다고 하여 철의(鐵衣)라 하고, 또 다른 지옥이 있으니 많은 칼이 있다고 하여 천인(千刃)이라 하며, 또 다른 지옥이 있으니 쇠 당나귀가 있다고 하여 철려(鐵驢) 지옥이라고 합니다.

또 다른 지옥이 있으니 펄펄 끓는 구리 녹인 물이 넘친다고 하여 양동(洋銅) 지옥이라 하고, 또 다른 지옥이 있으니 시뻘겋게 달군 큰 기둥을 안는 벌을 받는다고 하여 포주(抱柱) 지옥이라 하며, 또 다른 지옥이 있으니 시뻘건 불덩어리들이 흘러내리며 튄다고 하여 유화(流火) 지옥이라고 합니다.

또 다른 지옥이 있으니 혀를 빼내어 그 위에서 농사짓는 것처럼 쟁기를 끈다고 하여 경설(耕舌) 지옥이라 하고, 또 다른 지옥이 있으니 목을 잘라낸다고 하여 좌수(剉首) 지옥이라 하며, 또 다른 지옥이 있으니 밑에서 시뻘건 불이 올라와 발과 다리를 태워 버린다고 하여 소각(燒脚) 지옥이라 합니다.

또 다른 지옥이 있으니 죄인의 눈을 뽑아 먹는다고 하여 담안(啖眼) 지옥이라 하고, 또 다른 지옥이 있으니 시뻘겋게 달아오른 둥근 쇠구슬을 삼키게 한다고 하여 철환(鐵丸) 지옥이라 하며, 또 다른 지옥이 있으니 늘 시비 다툼을 일삼는다고 하여 쟁론(諍論) 지옥이라 합니다.

또 다른 지옥이 있으니 몸 마디마디를 쇠도끼로

잘라낸다고 하여 철부(鐵鈇) 지옥이라 하고, 또 다른 지옥이 있으니 화가 많은 중생의 오장육부를 태우는 다진(多嗔) 지옥이라 합니다."

지장보살은 다시 말을 이어 나갔다.

"어지신 분이시여, 무쇠로 둘러싸인 산 안에 이와 같은 지옥들이 있으니 그 수가 끝이 없어 다 헤아릴 수가 없습니다.

또 그밖에 고통을 못 참아 끝없이 신음하는 소리를 내게 되는 규환(叫喚) 지옥, 혀를 뽑아 버리는 발설(拔舌) 지옥, 냄새나는 똥구덩이에 빠져야만 하는 분뇨(糞尿) 지옥, 구리 쇠사슬에 묶여 고통을 당해야 하는 동쇄(銅鎖) 지옥, 불덩어리 코끼리가 달려드는 화상(火象) 지옥, 불덩어리 개가 물어대는 화구(火狗) 지옥, 불덩어리 말이 울부짖는 화마(火馬)

지옥, 불덩어리 소가 달려드는 화우(火牛) 지옥, 타오르는 산속에 갇히는 화산(火山) 지옥, 시뻘겋게 달아오른 돌덩어리가 떨어지는 화석(火石) 지옥, 시뻘겋게 달아오른 평상에 놓여 극심한 고통을 당하는 화상(火床) 지옥, 시뻘겋게 달아오른 다리를 건너면서 극심한 고통을 당하는 화량(火梁) 지옥, 불덩어리 송골매가 달려드는 화응(火鷹) 지옥, 톱날같은 이빨로 물어대는 거아(鋸牙) 지옥, 살갗을 남김없이 벗겨내는 박피(剝皮) 지옥, 피를 빨아 먹는 음혈(飮血) 지옥, 손마디를 태우는 소수(燒手) 지옥, 발과 다리를 태우는 소각(燒脚) 지옥, 거꾸로 매달아 날카로운 가시로 찌르는 도자(倒刺) 지옥, 불타는 집안에 가두는 화옥(火屋) 지옥, 철로 된 감옥에 가두는 철옥(鐵屋) 지옥, 불덩어리 이리가 달려드는 화랑(火狼) 지옥 같은 수많은 지옥이 있습니다.

이들 지옥은 저마다 작은 지옥들을 갖고 있는데

한둘이 있기도 하고 서넛이 있기도 하며 수없이 많기도 합니다. 그들의 이름도 저마다 각각 다릅니다."

지장보살이 다시 보현보살에게 말하였다.

"어지신 분이시여, 이것들이 모두 세상에서 나쁜 일을 저지른 중생이 받는 지옥의 벌입니다. 이처럼 업에서 나오는 힘은 수미산만큼 크고 바다처럼 깊어 부처님의 거룩한 도로 나아가는 길을 방해하는 것입니다. 그러므로 중생은 작은 일이라도 죄가 되지 않을 것이라고 하여 가볍게 여겨서는 안 됩니다. 죽은 뒤에 정말 실오라기 터럭만큼의 작은 일조차 인과에서 벗어날 수가 없습니다.

아버지와 아들처럼 아주 가까운 사이라도 인과로 가는 길이 서로 달라 헤어져야만 하고, 죽어 서로 만나더라도 상대방의 인과응보를 대신 받을 수가 없습니다.

제가 이제 부처님의 위엄과 신통으로 간략하게 죄를 짓고 지옥에서 받는 인과응보를 설명하겠습니다. 바라옵건대 어지신 분께서는 잠시 제 말을 들어주시옵소서."

보현보살이 말하였다.

"삼악도의 인과응보에 대하여 저는 오랫동안 알고 있습니다. 하지만 어지신 분께서 말씀하여 주시기를 바라고 있습니다. 이는 뒷날 말법 시대에 온갖 죄를 짓는 중생들이 어지신 분께서 말씀하신 내용을 듣고 모두 부처님께 귀의하도록 배려하는 것입니다."

지장보살이 보현보살에게 말하였다.

"어지신 분이시여, 지옥에서 받는 벌은 이와 같습니다.

어떤 지옥에서는 죄인의 혀를 기다랗게 쭉 뽑아 그 위에서 소가 밭을 갈듯 쟁기를 끌게 합니다.

어떤 지옥에서는 죄인의 심장을 빼내어 무서운 야차가 씹어 먹기도 합니다.

어떤 지옥에서는 펄펄 끓는 물이 가득한 커다란 쇠솥에 죄인의 몸을 푹 담가 삶기도 합니다.

어떤 지옥에서는 빨갛게 달군 구리 기둥을 죄인이 끌어안게 하기도 합니다.

어떤 지옥에서는 허공을 날아다니는 시뻘건 불덩어리들이 죄인에게 달려들어 태워 버리기도 합니다.

어떤 지옥에서는 모든 게 하나같이 꽁꽁 얼어붙어 매우 춥기만 합니다.

어떤 지옥에서는 지옥 가득 끝도 한도 없이 더러운 똥물이 가득 넘쳐흐르기도 합니다.

어떤 지옥에서는 허공 가득 날카로운 쇠붙이들이 이리저리 날아다니기도 합니다.

어떤 지옥에서는 시뻘겋게 달아오른 창을 죄인에게 수없이 던져 찌르기도 합니다.

어떤 지옥에서는 가슴과 등짝을 사정없이 밀치거

나 내려치기도 합니다.

어떤 지옥에서는 손과 발만 모조리 태워 버리기도 합니다.

어떤 지옥에서는 무쇠 뱀이 몸을 칭칭 감아 꽉 조이기도 합니다.

어떤 지옥에서는 무쇠로 된 개가 죄인을 몰아대며 사정없이 물어뜯기도 합니다.

어떤 지옥에서는 시뻘겋게 달아오른 무쇠 당나귀 등에 죄인을 모조리 태우기도 합니다.

어지신 분이시여, 이와 같은 벌을 받는 지옥에는 형벌을 주는 온갖 기구도 마련되어 있습니다.

이것들은 하나같이 구리나 쇠 아니면 돌과 불 아닌 게 없는데, 이 네 가지로 중생의 업에 따라 벌을 받게 하는 것입니다.

만약 지옥에서 받게 되는 벌을 자세히 설명하자면 하나하나의 지옥에서 받아야 할 온갖 고초가 수없이 많은데, 하물며 그 많은 지옥 형벌이야 더 말할 필요가 있겠습니까.

제가 이제 부처님의 위엄과 신통으로 어지신 분의 물음에 이처럼 간략하게 설명하였습니다. 그러나 자세히 말하고자 하면 겁이 다하도록 설명해도 그 끝이 없을 것입니다."

6장. 지장보살의 공덕을 부처님이 찬탄

이때 세존께서 온몸에서 큰 광명을 놓아 백천 억 갠지스강 모래알만큼이나 되는 모든 부처님 나라를 두루 비추면서, 큰 소리로 모든 부처님의 세계에 있는 보살과 천룡팔부, 귀신, 사람, 사람인 듯 아닌 듯한 중생들에게 널리 알리셨다.

"시방세계 불가사의한 위엄과 신통으로 자비의 화신 지장보살이 죄를 짓고 고통받는 모든 중생을 구원하는 일에 대하여 내가 이제 찬탄하니, 잘 들을지어다.

내가 이 세상을 떠난 뒤에 모든 보살과 천룡팔부, 귀신들은 온갖 방편으로 이 가르침을 잘 지키고 보호하여 모든 중생이 열반의 즐거움을 누리게 하여야만 하느니라."

부처님께서 말씀을 마치시자, 법회에 참석한 보광보살[1]이 두 손 모아 합장 공경하며 부처님께 사뢰었다.

"지금 세존께서 지장보살의 불가사의한 위엄과 신통을 찬탄하는 것을 보았습니다. 바라옵건대 세존께서는 다가오는 세상 말법 시대의 중생을 위하여, 지장보살을 섬겨 받는 공덕을 말씀하여 주시옵소서. 그리하여 천룡팔부와 다가오는 세상의 중생이 부처님의 말씀을 지극정성으로 받아 지니도록 하여 주시옵소서."

이때 세존께서 보광보살과 사부대중에게 일러 말

---

1. 석가모니 부처님의 제자이다. 지혜가 법계에 가득하므로 '보(普)'라 하고, 보살행이 허공에 가득차므로 '광(廣)'이라고 한다.

씀하셨다.

"잘 들을지어다. 내가 그대들을 위하여 지장보살의 가피로 받게 되는 하늘과 인간의 복덕에 대하여 간략하게 말하리라."

보광보살이 부처님께 사뢰었다.

"네, 세존이시여. 기쁜 마음으로 듣고자 원하옵니다."

"다가오는 세상에서 지장보살의 명호를 들은 사람들이 두 손 모아 합장하고 예배 찬탄하면서 지극한 마음으로 지장보살을 따른다면, 이들은 삼십 겁을 지은 죄업에서 모두 벗어나게 될 것이다.

보광보살이여, 선남선녀가 지장보살의 형상을 그

리거나 흙·돌·아교·칠·금·은·구리·쇠 등으로 보살의 성스러운 모습을 조성하여 한 번 우러러 예배를 올리면, 이 사람들은 도리천에 백 번 태어날 것이며 영원히 나쁜 길로 떨어지지 않을 것이니라.

설사 하늘의 복이 다하여 인간 세상에 태어나더라도 국왕이 되어 큰 복덕을 잃지 않을 것이다.

혹 여인이 여성의 몸을 싫어한다면 지장보살의 성스러운 모습을 그리거나 흙·돌·아교·칠·구리·쇠 등으로 조성한 성스러운 형상에 지극정성으로 공양을 올려야 하니, 이처럼 하루도 거르지 않고 꽃과 향과 음식, 그리고 의복·비단·깃발·재물·보화 등으로 지장보살에게 늘 공양을 올린다면, 이 여인은 여성의 삶을 다한 뒤에 다시는 백천만겁 동안 여인의 세계에 태어나지 않을 것인데, 하물며 다시 여인의 몸을 받을 수 있겠느냐.

다만 자비로운 원력으로 여인의 몸을 받아서 중생을 제도하려고 하는 것은 예외지만, 지장보살에게 공양 올린 복과 공덕으로는 백천만겁이 다하도록 다시는 여인의 몸을 받지 않게 될 것이다.

보광보살이여, 어떤 여인이 추하고 병든 몸을 싫어한다면 지장보살의 형상 앞에서 잠시라도 지극한 마음으로 우러러 예배를 올려야 한다.

이 공덕으로 천만겁 동안 태어날 때마다 용모가 오롯할 것이니, 추하게 생긴 이 여인이 여자의 몸을 싫어하지 않는다면 백천만 억 삶을 늘 왕녀 또는 왕비가 되거나 재상이나 명문대가의 딸로 단정하고 아름답게 태어나 여인으로서 부족한 덕이 조금도 없을 것이다. 지극한 정성으로 지장보살을 우러러 예배를 올린 까닭에 이와 같은 큰 복을 받게 된다.

보광보살이여, 다가오는 세상에서 나쁜 사람이나 귀신들은 지장보살의 성스러운 형상 앞에서 선남선녀가 귀의하고 공양을 올리며 찬탄 예배하는 것을 보고는 헐뜯고 나무라거나 공덕이나 이로운 일이 없다고 비방을 하지 말아야 한다. 혹 이빨을 드러내고 조소하거나 뒤에서 다른 사람들을 부추겨 이 일이 잘못된 일이라고 말하지 말아야 한다.

비록 입으로 말하지 않더라도 속으로 헐뜯고 나무라는 나쁜 사람이나 귀신들은, 현존하는 사바세계의 중생을 제도하기 위하여 천 분의 부처님이 출현하고 열반하시는 세월[賢劫千佛]¹이 다 한 뒤에, 그 업보로 아비지옥에서 극심하게 중한 벌을 받게 될 것이다. 이 겁이 지난 뒤에는 아귀가 되는 업보를 받고, 또 천 겁이 지난 뒤에 다시 축생의 업보를

---

1. 과거 사바세계의 중생을 제도하기 위하여 천 분의 부처님이 출현하셨던 세월을 과거 장엄겁이라 하고, 현존하는 사바세계의 중생을 제도하기 위하여 천 분의 부처님이 출현하시는 세월을 현재 현겁(現在 賢劫)이라 하며, 미래 사바세계의 중생을 제도하기 위하여 천 분의 부처님이 출현하실 세월을 미래 성수겁(未來 星宿劫)이라고 한다.

받으며, 또 천 겁이 지난 뒤에서야 비로소 사람의 몸을 받게 될 것이다.

또한 사람으로 태어나더라도 가난하고 비천하며 눈이나 코와 귀 등 얼굴 모습이 온전치 못할 것이다. 온갖 악업이 얽혀 있으므로 얼마 살지 못하다가 다시 나쁜 세상으로 떨어질 것이다.

그러므로 보광보살이여, 다른 사람이 공양 올리는 것을 헐뜯고 나무라도 이런 업보를 받는데, 하물며 나쁜 생각으로 지장보살을 헐뜯고 무시한다면 그 업보야 더 말해 무엇하겠느냐.

보광보살이여, 간혹 다가오는 세상에서 남자이든 여자이든 오랜 병으로 자리에 누워 살 수도 없고 죽을 수도 없을 때가 있느니라.

그럴 때는 병자가 꿈속에서 나쁜 귀신이나 집안 가족들이 험한 곳에서 놀고 있는 것을 보기도 한다. 혹은 가위눌리는 귀신이 나타나거나 도깨비들과 함께 놀고 있는 것을 보기도 하면서, 날이 가고 달이 가며 세월이 흘러도 병이 잘 낫지를 않는다. 몸이 더욱 야위고 파리해지면서 자다가 소리를 지르며 처참하게 괴로워하기도 한다.

이 모든 것은 죄업의 길에서 그 죄가 가벼운 것인지 무거운 것인지를 결정하지 못하여 목숨줄을 끊기도 어렵고 병이 낫기도 어렵기 때문이다. 이 일은 세상 사람의 눈으로는 정확히 가름할 수가 없다.

이럴 때는 오직 불보살의 성스러운 형상 앞에서 이 경을 큰 소리로 한번 읽어 주어야 한다.

혹은 병자가 아끼는 물건이나 의복, 보물, 토지, 집 문서 같은 것을 병자 앞에 가져다 놓고서는 큰 소리로 이렇게 말해 주어야 한다.

'저 아무개는 병자를 위하여 부처님의 경전과 부처님의 성상(聖像) 앞으로 이 재물을 가져가 좋은 곳에 쓰이도록 공양을 올리겠습니다.'

혹은 '저 아무개는 병자를 위하여 경전이나 성스러운 탱화에 이 재물을 공양 올리겠습니다.'

혹은 '저 아무개는 병자를 위하여 이 재물로 불보살의 성스러운 성상이나 탑 또는 절을 조성하겠습니다.'

혹은 '저 아무개는 병자를 위하여 이 재물로 지혜의 등불을 켜기 위하여 부처님의 도량에 공양 올릴

것입니다'

이처럼 병자에게 세 번 말하여 잘 알아듣게 해야 한다. 설사 병자가 정신이 흩어져 기진맥진하더라도 하루 이틀 사흘 나흘 나아가 이레 동안 큰 소리로 이 경을 읽어 주어야 한다.

그리하면 병자가 죽더라도 전생의 재앙이나 중죄에서 벗어나게 될 것이다. 또 다섯 무간지옥에 갈 중죄라도 거기에서 영원히 벗어나 태어나는 곳마다 늘 전생의 일을 알게 될 것이다.

선남선녀가 이 경을 쓰거나 다른 사람을 시켜 쓰게 하고, 스스로 성스러운 성상을 그리고 조성하거나 다른 사람을 시켜 그리고 조성하게 하면, 반드시 그들이 받는 공덕이 더 클 것인데, 하물며 여기에 무엇을 더 말할 필요가 있겠느냐.

그러므로 보광보살이여, 이 경을 독송하고 잠깐이라도 찬탄하고 공경하는 사람을 만나거든, 그대는 온갖 방편으로 그 사람이 이 일에서 물러나지 않고 부지런히 공부하도록 해야 한다.

그리하여 지금뿐만 아니라 다가오는 세상에서도 천만 억의 불가사의한 공덕을 얻을 수 있도록 권해야 한다.

보광보살이여, 다가오는 세상에서 중생이 꿈이나 잠자리에서 귀신이나 어떤 형상이 나타나 슬퍼하고 근심하며 울부짖거나 두려워하고 있는 모습을 볼 때가 있다.

이는 모두 한 생, 십 생, 백 생, 천 생의 과거에서 부모나 형제자매 또는 부부로서 가까웠던 사람들이 복덕이 없어 삼악도에서 벗어날 희망이 없으므로, 전생의 제살붙이에게 자신의 처지를 알려 그들이 고통받는 나쁜 세상에서 벗어나게 할 방편을 써주기를 바라기 때문이다.

보광보살이여, 그대는 신통력으로 이들 권속을 모든 불보살의 성스러운 성상 앞에 보내 한마음 한뜻으로 이 경을 읽게 해주어야 한다. 혹은 다른 사람에게 부탁하여 세 편이나 일곱 편을 읽도록 해주어야 한다.

그리하면 삼악도에 있던 권속들이 경 읽는 소리가 끝나는 대로 바로 해탈하게 되고, 다시는 꿈이나 잠자리에서 귀신이나 그들의 나쁜 형상을 보지 않게 될 것이다.

보광보살이여, 다가오는 세상에서 생활이 자유롭지 못한 비천하고 불행한 사람들은 그들의 처지가 전생의 악업 때문인 줄 알고 참회하여야 한다.

지극한 마음으로 지장보살의 성스러운 성상을 우러러 예배하고 처음 이레 동안은 보살의 명호를 만 번 염불하여야 한다. 그리하면 이번 생에서 업보가 다한 뒤, 천만 생을 사는 동안 항상 존귀한 몸으로 태어나 다시는 삼악도의 고통을 겪지 않게 될 것이다.

보광보살이여, 다가오는 이 세상에서 귀족, 바라문, 장자, 거사 그리고 성을 달리하는 종족 그 어디라도, 새로 태어난 아이가 있을 때는, 7일 이내에 불가사의한 이 경전을 읽어 주면서, 아울러 지장보살의 명호를 만 번 염불하여 주어야 한다.

새로 태어난 아이가 전생에 지은 재앙의 업보로 단명할 운명이라도, 바로 그 업보에서 벗어나 편안하게 잘 자라 수명이 길어질 것이다.

만약 복을 타고난 아이라면 더욱더 편안한 삶으로 장수하게 될 것이다.

또 보광보살이여, 다가오는 세상의 중생들은 매달 초하루, 초여드레, 열나흘, 보름, 열여드레, 스무사흘, 스무나흘, 스무여드레, 스무아흐레, 그믐인 십재일(十齋日)에 모든 죄를 모아 그 죄의 가볍고 무거운 죄질을 결정해야 한다.

이 세상의 중생들은 행동과 생각하는 것이 모두 업 아닌 게 없고 죄 아닌 게 없는데, 하물며 제멋대로 살생하고 도둑질하면서 삿된 인간관계로 거짓말을 하고 살아가는 모습이야 더 말해 무엇하겠느냐.

만약 불보살님의 성스러운 성상 앞에서 십재일(十齋日)에 이 경을 한 편 읽게 되면 동서남북 백 유순 안에 있는 어떤 재난도 다 없어질 것이다.

그가 사는 집안의 어른과 아이 그 누구도 가리지 않고 현재뿐만 아니라 다가오는 세상의 삶 속에서 모두가 영원히 삼악도에서 벗어날 것이다.

또 십재일에 매번 한 편씩 읽으면 갑자기 집안에 닥쳐오는 현세의 불행이나 병고가 없으며 의복과 음식이 부족함이 없어 풍요로울 것이다.

그러므로 보광보살이여, 마땅히 알아야 한다. 지장보살은 이와 같이 말로 다 설명할 수 없는 백천만 억 위엄과 신통으로 중생을 이롭게 하니, 이 세상 중생은 지장보살과 큰 인연을 맺어야 한다.

중생이 보살의 명호를 듣고 성스러운 성상을 바라보며 이 경 가운데 있는 석 자, 다섯 자 혹은 한 게송, 한 구절만이라도 듣게 된다면, 이 사람은 현세에서 누구도 따라올 수 없는 아름답고 편안한 삶을 살 것이다. 다가오는 세상에서 백천만 생을 단정하고 아름다운 모습으로 존귀한 집안에 태어날 것이다."

이때 보광보살이 지장보살을 찬탄하는 것을 듣고는, 한쪽 무릎을 꿇고 두 손 모아 합장하며 부처님께 사뢰었다.

"세존이시여, 저는 오랫동안 지장보살의 불가사의한 신통력과 큰 원력을 알고 있습니다. 다가오는 세상에서 중생을 이롭게 하고 싶어 일부러 부처님께 여쭌 것이며, 당연히 저 또한 이 가르침을 정성껏 받들고자 하옵니다.

세존이시여, 이 가르침이 들어 있는 경전을 무어라 불러야 합니까? 저희는 세상에 널리 이 경전을 어떻게 알려야 합니까?"

부처님께서 보광 보살에게 말씀하셨다.

"여래의 가르침이 들어 있는 이 경전에는 세 가지 이름이 있는데, 하나는 『지장 본원경(地藏 本願經)』이고, 또 하나는 『지장 본행경(地藏 本行經)』이며, 나머지 하나는 『지장 본서력경(地藏 本誓力經)』이라 한다. 이런 이름들은 지장보살이 오랜 세월 큰 원력을 세워 중생을 이롭게 한 것이 인연이 되었기 때문이다. 그러므로 그대들은 지장보살의 원력에 따라 이 가르침을 세상에 널리 알려야 할 것이다."

보광보살은 이 말씀을 듣고 지극한 믿음으로 이 가르침을 받아 지녔다. 그리고 두 손 모아 합장 공경하며 부처님께 예를 올리고 그 자리에서 물러났다.

7장. 죽은 자와 산 자에게 돌아가는 이익

이때 지장보살이 부처님께 사뢰었다.

"세존이시여, 제가 이 세상 중생의 삶을 살펴보니 언행이나 생각하는 게 모두 죄 아닌 게 없습니다. 착한 마음을 냈다가도 대개는 오래가지 못하며, 혹 나쁜 인연을 만나면 점점 더 꼬여 해로운 인연만 깊어지고 있습니다.

이 사람들은 마치 진흙탕 길에서 무거운 돌을 짊어지고 가듯, 점차 업이 무거워지고 시나브로 삶에 지쳐서, 가면 갈수록 발걸음이 깊은 수렁으로 빠져들고 있습니다.

하지만 올바른 선지식을 만날 수 있다면 선지식이

짐 일부를 덜어주기도 하고, 전부를 대신 짊어져 주기도 합니다.

이 선지식에게는 큰 힘이 있으므로 중생을 부축하고 도와주어 편안하게 해줍니다. 그러다 평지에 이르면 나쁜 길을 살펴 다시는 그 길로 가지 않게 하여 줍니다.

세존이시여, 악에 물든 중생은 조그마한 틈만 있어도 헤아릴 수 없는 죄로 정신없이 빠져듭니다. 모든 중생에게는 이런 나쁜 습성이 있습니다.

그러므로 이들의 목숨이 다하여 생명이 끊어질 때, 부모 형제자매와 그 권속들은 마땅히 복덕을 베풀어 그들의 저승길을 도와주어야만 합니다.

부처님의 법을 상징하는 높은 깃발을 내걸거나 지

혜를 상징하는 등불을 환히 밝혀 주어야 합니다. 경전을 읽으면서 부처님의 가르침을 받들어 모셔야 합니다.

부처님이나 모든 성스러운 성상 앞에서 공양을 올리며 불보살님과 벽지불의 명호를 염불해야 합니다. 이분들의 명호를 목숨이 다하여 생명이 끊어지려는 사람에게 한 번만이라도 들려주거나 몸을 떠난 영혼이 들을 수 있도록 해주어야 합니다.

목숨이 다하여 생명이 끊어진 사람이 악업으로 따지자면 틀림없이 삼악도로 떨어질 것인데, 부모 형제자매와 그 권속들이 죽은 사람을 위하여 부처님과 성스러운 인연을 맺어준다면, 그들이 지은 숱한 죄가 모두 없어질 것입니다.

그리고 다시 임종한 사람을 위하여 49일 안에 좋은

인연을 맺어주어야 죽은 자들이 나쁜 길에서 영원히 벗어나고, 인간 세상이나 천상계로 태어나 아주 미묘하고 오묘한 즐거움을 누리게 될 것입니다.

또한 살아 있는 부모 형제자매와 그 권속에게도 이 공덕이 회향 되어 헤아릴 수 없이 많은 이익을 얻게 될 것입니다.

그러므로 제가 이제 부처님과 천룡팔부와 사람인 듯 아닌 듯한 중생들 앞에서 당부하노니, 이 세상 중생은 임종하는 날에 다른 생명을 죽이거나 해치는 나쁜 인연을 맺지 말아야 합니다. 또한 귀신이나 도깨비들 앞에서 제사를 지내지 말아야 합니다.

왜냐하면 다른 생명을 죽이거나 해치는 나쁜 인연으로 지내는 제사는 조금도 죽은 사람에게 이익이 되지 않기 때문입니다. 오히려 죄를 더 짓게 되는 인연이 될 뿐만 아니라, 그 죄업이 더욱 깊어지고 무거워지기 때문입니다.

설사 지금 세상뿐 아니라 다음 세상에서 성스러운 인연을 맺어 인간 세상이나 천상계에 태어나더라도, 임종할 때 권속이 저지른 나쁜 인연과 죽은 사람의 온갖 허물이 겹쳐 좋은 곳에 태어나는 일이 더디게 될 것입니다.

임종한 사람이 살아생전에 좋은 일을 하지 못했다면, 자신의 업에 따라 삼악도에 떨어질 업보를 받게 될 터인데, 권속들이 거기에 죄를 더 보태주어서는 안 될 것입니다.

비유하자면 무거운 짐을 짊어지고 먼 곳에서 오는 사람이 사흘이나 굶었는데, 갑자기 옆 사람이 짐을 더 얹어주는 것과 같으니, 짊어진 짐은 더 무거워져 몸과 마음만 더 피폐해질 것입니다.

세존이시여, 제가 보니 이 세상 중생은 부처님의 가르침을 따르면서 터럭 한 올이나 물 한 방울, 모래 한 알, 티끌 하나만큼이라도 착한 일을 해야 합니다. 착한 일을 한다면 그 공덕은 모두 자신에게 돌아갈 것입니다."

이 말을 할 때, 법회 대중 가운데에 부처님의 법대로만 말하는 장자가 있었다. 이분은 이미 오래전에 생멸이 없는 이치를 깨닫고, 시방세계 중생들을 교화하고 제도하기 위하여 장자의 몸으로 나타난 선지식이었다. 그분은 두 손 모아 합장 공경하며 지장보살에게 물었다.

"지장보살이시여, 이 세상 중생은 목숨이 다한 뒤에, 부모 형제자매와 권속들이 모두 그를 위하여 공덕을 쌓거나 청정한 재(齋)로 죽은 사람을 위하여 좋은 인연을 많이 지어야 합니다. 그래야 죽은 사람이 큰 공덕을 얻고 해탈할 수 있지 않겠습니까?"

"생멸이 없는 이치를 아는 장자시여, 지금 중생뿐만 아니라 다가오는 세상의 모든 중생을 위하여 제가 부처님의 위엄과 신통으로 이 일들을 간략하게 말씀드리겠습니다.

생멸이 없는 이치를 아는 장자시여, 지금 중생뿐만 아니라 다가오는 세상의 모든 중생이 임종할 때, 부처님이나 보살 또는 벽지불의 명호를 하나만이라도 듣게 되면, 죄가 있든 없든 모두 다 해탈할 것입니다.

살았을 때 좋은 일은 하지 않고 나쁜 일을 많이

한 사람이라 하더라도, 목숨이 끊어진 뒤 부모나 형제자매와 권속들이 모두 그를 위하여 온갖 복덕과 이익으로 부처님과 성스러운 인연을 맺어준다면, 그 공덕의 칠분의 일은 죽은 자가 얻고 나머지 칠분의 육은 산 사람이 갖게 될 것입니다.

이 때문에 현재뿐만 아니라 다가오는 세상의 모든 사람은 공덕을 쌓은 것만큼 그 공덕을 얻게 된다는 것을 잘 듣고 아셔야 합니다.

덧없이 죽음을 불러들이는 귀신은 느닷없이 어느 날 들이닥칠 것이며, 이로 인해 어둠 속에서 방황하는 귀신들은 죄와 복이 어떤 것인지를 미처 알지 못합니다.

49일 동안 말을 하지 못하는 사람이나 귀가 먹은 사람처럼 꼼짝하지 못하고, 저승사자 앞에서 살아생전에 지은 죄를 낱낱이 드러내 심판을 받아야만 합니다.

그런 뒤에 지은 업의 무게에 따라 다음 생을 받아야만 합니다. 그 과정에서 미리 앞일을 예측하지 못하므로 온갖 근심과 고통만 생겨날 것입니다. 그런데 하물며 삼악도에 떨어져야 하는 근심과 고통이야 더 말할 필요가 있겠습니까.

목숨이 다한 사람들은 아직 생을 받지 못한 49일 동안 어두운 허공을 떠돌아다니면서 늘 마음속으로 부모와 형제자매들이 복덕을 지어 자신을 구원해 주기를 간절히 바랄 것입니다. 그러다 49일이 지나면 지은 업에 따라 다음 생에 그 업보를 받아야 합니다.

만약 죄를 지은 사람이라면 그 업보를 다 받을 때

까지 천백 년이 지나도 고통에서 벗어날 길이 없을 것입니다.

만약 크나큰 죄를 짓고 무간지옥에 떨어졌다면 천 겁 만겁이 지나도록 영원토록 극심하게 온갖 고통을 받아야 할 것입니다.

생멸이 없는 이치를 아는 장자시여, 그러므로 이와 같이 죄를 지은 중생의 목숨이 끊어지면, 그분의 부모와 형제자매들은 죽은 영가를 위하여 청정한 재를 마련하고 죽은 이들이 다음 세상으로 가는 길을 도와주어야만 합니다.

재(齋)를 청정하게 올리는 의식이 끝나기 전이나 재(齋)를 진행하고 있는 동안에는 쌀뜨물이나 채소 이파리 어느 하나도 땅에 버리는 일이 없어야 합니다. 부처님이나 스님들께 공양 올리기 전에는 어떤 공양물에도 먼저 손을 대지 않아야 합니다.

만약 이를 어기고 먼저 먹거나 올바른 마음을 쓰지 않게 되면 죽은 사람이 재 올리는 공덕의 혜택을 입지 못할 것입니다.

끊임없이 마음을 올곧게 쓰고, 맑고 깨끗한 마음자리를 지켜가며, 부처님과 청정한 스님들께 헌신하고 봉사하여야 합니다. 여기서 생기는 공덕 가운데 칠분의 일을 죽은 사람이 갖게 되는 것입니다.

그러므로 생멸이 없는 이치를 아는 장자시여, 이 세상의 중생은 부모와 형제자매들이 죽은 뒤에 그들을 위하여 재를 마련하고 삼보에 공양을 올려야 합니다.

한마음 한뜻으로 이들의 극락왕생을 끊임없이 바

라고, 염불하여야 합니다. 이 공덕으로 이들과 인연 있는 죽은 사람과 산 사람들이 골고루 그 혜택을 보게 되는 것입니다."

이렇게 지장보살이 말씀하실 때 도리천 궁전에 있던 천만 억 나유타나 되는 많은 귀신이 한량없는 부처님 법을 깨달아 중생을 제도하려는 하는 마음을 내었다.

부처님의 법대로 말하는 장자는 기쁜 마음으로 지장보살의 가르침을 받들고 지극한 예를 올리며 그 자리에서 물러났다.

8장. 염라대왕의 질문과 악독 귀왕의 찬탄

이때 무쇠로 둘러싸인 산중에 있던 헤아릴 수 없이 많은 귀신의 왕들이 염라대왕과 함께 도리천 궁전에 계신 부처님을 찾아뵈었다.

이른바 나쁜 독을 쓰는 귀신의 왕 악독(惡毒) 귀왕, 나쁜 일을 많이 하는 다악(多惡) 귀왕, 늘 다투고 삶 대쟁(大諍) 귀왕, 하얀 호랑이를 타고 다니는 백호(白虎) 귀왕, 피투성이 호랑이로 나타나는 혈호(血虎) 귀왕, 시뻘건 호랑이로 나타나는 적호(赤虎) 귀왕, 재앙을 뿌리고 다니는 산앙(散殃) 귀왕, 날아다니는 비신(飛身) 귀왕, 전광석화 같은 전광(電光) 귀왕, 이리의 어금니를 가진 낭아(狼牙) 귀왕, 천 개의 눈을 가진 천안(千眼) 귀왕, 짐승을 잡아먹는 담수(啖獸) 귀왕, 돌을 짊어지고 다니는 부석(負石) 귀왕, 흉년을 다스리는 주모(主耗) 귀왕, 재앙을 일으키는 주화(主禍) 귀왕, 복덕을 다스리는 주복(主福) 귀왕, 음식을 다스리는 주식(主食) 귀왕, 재물을 다스리는 주재(主財) 귀왕, 가축을 다스리는 주축(主畜) 귀왕, 날짐승을 다스리는 주금(主禽) 귀왕, 짐승을 다스리는 주수(主獸) 귀왕, 도깨비를 다스리는 주매(主魅) 귀왕, 곡물 수확을 맡아 다스리는 주산(主産) 귀왕, 수명을 다스리는 주명(主命) 귀왕, 질병을 다스리는 주질(主疾) 귀왕, 험난한 곳을 다스리는 주험(主險) 귀왕, 세 개의 눈을 가진 삼목(三目) 귀왕, 네 개의 눈을 가진 사목(四目) 귀왕, 다섯 개의 눈을 가진 오목(五目) 귀왕 등이었다.

이 귀왕(鬼王)들은 저마다 백천이나 되는 작은 귀신의 왕들을 거느리고 있었다. 이 귀신들은 전부 세상에서 제각각 맡은 일을 하며 주인 노릇을 하고 있었다. 염라대왕과 함께하는 귀신의 왕들은 모두 부처님의 위엄과 신통 그리고 지장보살의 힘으로 다 함께 도리천 궁전에 계신 부처님을 찾아뵙고 한쪽에 서 있었다.

이때 염라대왕이 한쪽 무릎을 땅에 꿇고 두 손 모아 합장하며 부처님께 사뢰었다.

"세존이시여, 제가 지금 귀신의 왕들과 함께 부처님의 위엄과 신통 그리고 지장보살의 힘으로 이 도리천 궁전 법회에 참여한 것은 저희가 뛰어난 공덕을 얻고자 하기 때문입니다.

그런데 잘 풀리지 않는 의심이 있어 세존께 감히 여쭙고자 하오니, 세존이시여, 바라옵건대 애틋한 마음으로 저희를 위하여 말씀하여 주시옵소서."

"무엇이든 물어라. 그대들의 의심을 풀어 주리라."

"세존이시여, 지장보살은 중생계에서 죄를 짓고 고통받는 중생을 온갖 방편으로 제도하면서 자기 몸은 조금도 돌보지 않고 있습니다. 이와 같은 불가사의하고 신통한 일을 지장보살이 하고 있는데도, 중생들은 죄지은 업보에서 구원되었다가는 머지않아 다시 지옥에 떨어지고는 합니다.

세존이시여, 지장보살께서 이처럼 불가사의한 신통력이 있는데도, 어찌하여 중생들은 착한 길로 들어가 영원히 해탈하지 못하는 것이옵니까? 바라옵건대 세존이시여, 저희를 위하여 이 의문을 풀어주시옵소서."

"이 세상 중생은 성질이 억세고 거칠어서 잘 다잡아 가르치기가 어려운 법이다. 하지만 지장보살은 백천 겁을 두고 이 중생들을 낱낱이 구원하여 서둘러 해탈시켰다. 삼악도에 떨어진 모든 중생을 지장보살이 근본 업연에서 방편으로 빼내어 전생의 일을 깨닫게 해주었다. 그러나 이 세상의 중생은 본디 나쁜 버릇에 많이 물들어져 있으므로, 삼악도에서 나왔다가는 곧 다시 들어가기가 일쑤였다. 그래서 보살의 수고로움이 오랜 세월 거듭 더해져야 비로소 이들을 제도하여 해탈시킬 수 있었다.

비유하면 어떤 사람이 집으로 가는 길을 잃고 험한 길로 들어서는 것과 같다. 그 길에는 야차·호랑이·늑대·사자·도마뱀·독사들이 우글거려서, 길 잃은 사람이 이들에게 순식간에 물려 맹독으로 죽게 되었다. 그때 어떤 선지식이 도와 여러 가지 치료법으로 온몸에 독이 퍼지는 것을 잘 막아 살아나게 되었다. 그런데 치료받은 사람이 다시 험한 길로 들어가려고 하니, 선지식이 말하였다.

'딱하시오, 무엇 때문에 이 길로 다시 가려 하시오?

당신이 무슨 재주로 온갖 나쁜 독을 감당해 낼 수 있단 말이오?'

다시 길을 가려던 사람은 이 말을 듣고 험한 길에서 빠져나왔다. 선지식은 이 사람의 손을 잡고 나쁜 독이 가득한 위험한 길에서 벗어나게 한 뒤에 좋고 편안한 길로 인도하였다.

'참으로 그대는 위험할 뻔하였소. 다시는 이 길로 가지 마시오. 이 길로 들어간 사람은 아주 위험하고, 잘못하다가는 생명조차 위태롭소.'

길을 잃었던 사람이 친절한 선지식의 마음씨에 크게 감동하자, 헤어질 때 선지식은 다시 말하였다.

'만약 아는 사람이나 이 길을 가려는 사람을 만나거든 이 길은 맹독을 가진 짐승이 우글거려 목숨을

잃을 수도 있다고 알려 주어야 하오. 그들이 죽음의 길로 들어서지 않게 해주어야 하오.'

이와 마찬가지로 지장보살도 크나큰 자비심으로 죄를 짓고 고통받는 중생을 구제하여 인간 세상이나 천상계에 태어나 삶의 행복을 누리게 해주려고 하였다. 죄 많은 중생의 업보가 얼마나 괴로운가를 알게 하여, 다시는 나쁜 길로 영원히 가지 않게 하였다. 이는 마치 길 잃은 사람이 험한 길로 잘못 들어갔다가 선지식을 만나 구출되고 나서는, 두 번 다시 이 길로 들어서지 않는 것과 같다.

만나는 사람마다 이 길로 가지 말도록 권유하는 것은 길을 잃었던 일을 계기로 영원한 해탈을 얻어 다시는 험한 길로 들어서지 않게 하려는 것과 같다. 그러나 예전의 일을 잊어버리고 다시 그 길로 간다면 목숨을 잃어버릴 수도 있다.

이는 삼악도에 떨어진 중생이 지장보살의 방편으로 삼악도에서 벗어나 인간이나 천상계에 태어나도, 또 죄를 짓고 다시 나쁜 세상으로 떨어지는 모습과 같다. 이처럼 죄업에 깊이 물들면 지옥에서 영원히 벗어날 기약이 없다."

이때 나쁜 독을 방편으로 활용하는 악독(惡毒) 귀왕이 두 손 모아 합장 공경하며 부처님께 사뢰었다.

"세존이시여, 수를 헤아릴 수 없을 만큼 귀신의 왕이 이 세상에 많이 있는데, 혹 사람을 이롭게 하거나 손해를 입히는 것은 업보가 다 다르기 때문입니다.

저희가 세상을 돌이켜보면 나쁜 일이 많고 좋은 일은 적습니다. 그러므로 큰 도시이든 작은 도시이든 가리지 않고 사람 사는 동네를 지나다가, 혹 어

편 사람이 작은 일이라도 좋은 마음으로 부처님의 법을 드러내고 부처님을 수호하려고 걸어놓은 깃발이나 햇빛 가리개를 보면, 저희는 과거 현재 미래의 모든 부처님께 하듯 그 사람을 공경하고 공양을 올리며 극진한 예를 올리겠습니다.

또한 적은 양의 향과 꽃이라도 부처님이나 보살님의 성스러운 성상 앞에 정성껏 올리고, 경전을 읽으면서 부처님의 가르침을 존중하여 부처님의 법문 한 구절, 게송 하나라도 공양 올리는 사람을 보면, 저희는 과거 현재 미래의 모든 부처님께 하듯 그 사람을 공경하고 공양을 올리며 극진한 예를 올리겠습니다.

다른 귀신들 모두에게 명하여 저마다 힘이 있는 귀신과 토지를 다스리는 귀신들이 그 사람을 보호하도록 하겠습니다.

해로운 일과 나쁜 병, 뜻밖의 재앙으로 죽는 일과 느닷없이 닥치는 불행 그리고 뜻대로 되지 않는 일들이 그분의 주변에서 일어나지 않도록 하겠습니다. 그런데 하물며 그분의 집안에 이런 일이 일어나게 하겠습니까."

부처님께서 나쁜 독을 방편으로 활용하는 악독 귀왕을 찬탄하셨다.

"착하고 착하도다. 그대들이 염라대왕과 함께 부처님의 법을 따르는 사람들을 감싸고 보호한다니, 나 역시 범천왕과 제석천왕이 그대들을 지키고 보호하게 하리라."

이런 말을 할 때 법회 가운데 수명을 맡아 다스리는 귀신의 왕이 부처님께 사뢰었다.

"세존이시여, 제가 하는 일은 본디 이 세상 사람의 수명을 주관하는 것입니다. 그러므로 사람들이 태어날 때와 죽을 때를 저는 모두 알고 있으므로, 제가 품은 본디 원력은 이 사실로 그들에게 참으로 큰 이익을 주고자 합니다. 그러나 제 뜻을 알지 못하는 중생들은 태어날 때와 죽을 때를 당해서 모두 편안한 마음을 갖지 못합니다.

왜냐하면 이 세상 사람들이 처음 태어날 때 집안에서 좋은 일을 많이 해야 토지신이 한없이 기뻐하며 어머니와 아기를 감싸고 보호하여 편안한 삶을 누리게 해주기 때문입니다. 나아가 그 형제자매까지 큰 이익을 얻게 되는 것입니다.

그러므로 아기를 낳은 뒤에는 산 생명을 죽이거나 해치는 일을 삼가야 하는데도, 물고기를 잡아 산모에게 먹이고, 부모와 형제자매가 함께 모여 술과 고기를 먹고 마시면서 노래하며 풍악을 울리고 있습니다. 그런 업보로 태어난 아이와 그 어머니가 편안하고 행복한 삶을 가질 수 없는 것입니다.

왜냐하면 어머니의 극심한 고통 속에 아이가 태어날 때, 헤아릴 수 없이 많은 나쁜 귀신과 도깨비와 정령들이 피비린내 나는 핏덩이를 먹으려고 모여들기 때문입니다.

그러므로 저는 먼저 그 집이나 터에 있는 영물로 하여금 태어나는 아이와 그 어머니를 보호하게 하여 편안한 삶과 행복을 얻을 수 있게 하려고 합니다.

이들이 편안한 삶과 행복을 얻었다면 당연히 복을 지어 모든 토지신에게 보답해야 합니다.

그런데 도리어 살생하기 위하여 부모와 형제자매

들이 모인다니!

이 때문에 스스로 재앙을 만들어 그 업보를 받을 뿐만 아니라, 태어난 아이와 그 어머니에게까지 해악을 끼치는 것입니다.

또한 저는 이 세상에서 목숨이 다하여 생명이 끊어지는 사람들의 선악을 따지지 않고, 이 사람들이 삼악도에 떨어지지 않기를 바라고 있습니다. 하물며 스스로 좋은 일을 많이 한 사람에게 저의 힘을 보탠다면 여기에 무엇을 더 말할 필요가 있겠습니까.

이 세상에서 좋은 일을 많이 한 사람들도 목숨이 다하여 생명이 끊어질 때, 독기 품은 많은 귀신이 부모나 형제자매의 모습으로 변신하여 죽은 사람을 이끌고 나쁜 길로 떨어지게 하려고 합니다. 하물며 악행을 저지른 자야 더 말할 필요가 있겠습니까.

세존이시여, 이 세상 사람은 목숨이 다하여 생명이 끊어질 때 정신이 혼미하여 선과 악을 가리지 못합니다. 게다가 눈이나 귀로 보고 듣지도 못합니다.

그러므로 부모와 형제자매들은 큰 공양을 올리고 경전을 읽으면서 부처님의 가르침으로 불보살님의 명호를 마음 깊이 불러야만 합니다.

이와 같은 좋은 인연으로 죽은 자를 나쁜 세상에서 벗어나게 하고, 모든 악마와 귀신은 다 흩어지게 해야 합니다.

세존이시여, 모든 중생이 임종할 때는 부처님이나 보살님의 명호를 한 번만이라도 듣게 하거나, 혹은 대승 경전의 가르침을 한 구절, 게송 하나만이라도 듣게 해야만 합니다.

그래야 제가 이들을 살펴 무간지옥에 떨어지는 살생죄를 제외하고, 그 나머지 소소한 죄로 삼악도에 떨어질 사람들을 모두 찾아내어 삼악도에서 벗어나도록 할 것입니다."

부처님께서 수명을 맡아 다스리는 귀신의 왕에게 말씀하셨다.

"자비로운 마음에서 그대가 이와 같은 큰 원력을 세우고, 육도에서 윤회하는 괴롬 속의 모든 중생을 감싸고 보호하는구나. 다가오는 세상에서도 태어나고 죽는 사람을 위하여 그대는 결코 이 원력을 저버리지 말아야 한다. 모든 중생을 고통에서 벗어나게 하여 편안하고 행복한 삶을 얻게 해야 한다."

수명을 맡아 다스리는 귀신의 왕이 부처님께 사뢰었다.

"세존께서는 조금도 염려하지 마옵소서. 제가 이 소임을 마칠 때까지 언제나 이 세상 중생을 감싸고 보호할 것입니다. 그리하여 태어나거나 죽는 사람을 위하여 모두 편안하고 행복한 삶을 얻게 할 것입니다. 오로지 저는 태어나고 죽는 중생 모두가 제 말을 믿고 받아들여 고통에서 벗어나 큰 이익을 얻게 되기를 바랄 뿐입니다."

이때 부처님께서 지장보살에게 말씀하셨다.

"중생의 수명을 맡아 다스리는 귀신의 왕은 이미 백천 생을 사바세계에 태어나고 죽는 중생을 감싸고 보호하여 주었다. 이 보살은 자비로운 원력으로 귀신의 왕으로 몸을 나투는 것이지 사실은 귀신이 아니다.

앞으로 일백칠십 겁을 지난 뒤 성불하여 명호를 '어디에도 집착이 없는 여래'라고 부를 것이다. 그분이 계시는 세월의 이름은 '편안하면서 즐거운 삶'이라 하고, 그 세상의 이름은 '맑은 기운이 머무는 곳'이라고 할 것이다. 그 부처님의 수명은 헤아릴 수 없는 겁이 될 것이다.

지장보살이여, 불법을 수호하는 귀신의 왕들이 하는 일은 이처럼 불가사의하여 그가 제도한 인간이나 하늘 사람의 숫자 또한 헤아릴 수가 없느니라."

9장. 부처님의 명호를 듣고 부르는 공덕

이때 지장보살이 부처님께 사뢰었다.

"세존이시여, 이제 다가오는 세상의 모든 중생을 위하여 이익이 되는 일을 제가 자세히 설명하여, 나고 죽는 괴롬 속에서 큰 이익을 얻게 하고자 합니다. 바라옵건대 세존께서는 저의 이야기를 들어 주시옵소서."

부처님께서 지장보살에게 말씀하셨다.

"그대가 자비로운 마음으로 무거운 죄를 짓고 고통받는 지옥 중생을 구원하려고 불가사의한 일을 자세히 설명하고 싶어 하니 지금이 바로 그때로다. 어서 빨리 말하여라. 나는 곧 열반에 들 것이다.

어서 빨리 그대의 원력이 이루어져야 지금뿐만 아니라 다가오는 세상의 모든 중생에 대한 나의 근심과 걱정이 없어질 것이다."

지장보살이 부처님께 사뢰었다.

"세존이시여, 과거 헤아릴 수 없이 많고 많은 세월 속에 끝이 없이 몸을 나투시는 무변신(無邊身) 부처님께서 출현하셨습니다. 그 당시 사람들이 이 부처님의 명호를 듣고 잠깐이라도 공경하는 마음을 내면, 곧 사십 겁의 나고 죽는 괴롬 속에 지은 온갖 무거운 죄로 받는 업보에서 벗어나게 되었습니다. 그런데 하물며 그 부처님의 모습을 그림으로 그리거나 성스러운 성상으로 만들어 공양을 올리고 찬탄하였다면 그 공덕이 어떠했겠습니까? 그 사람은 헤아릴 수 없이 많고도 많은 끝이 없는 복덕을 얻게 될 것입니다.

또 과거 갠지스강 모래알 수만큼 아득한 겁의 세월에 보배 성품을 가진 보성(寶性) 부처님이 계셨습니다.

그 당시 사람들이 이 부처님의 명호를 듣고 손가락을 한 번 튕기는 순간만이라도 도 닦을 마음을 내고 귀의하면, 더할 나위 없는 무상도(無上道)에서 영원히 물러나지 않게 되었습니다.

또 과거에 '아름다운 연꽃 부처님'[1]이 계셨습니다. 그 당시 사람들이 이 부처님의 명호를 듣거나 귀에 스치기만 해도 천 번을 거듭해서 욕계의 여섯 하늘 육욕천(六欲天)[2]에 태어났는데, 하물며 한마음 한뜻으로 그분의 명호를 염불하고 있었다면 그 공덕

---

1. 파두마승여래를 말한다. 아름다운 연꽃이라 번역한 파두마승(波頭摩勝)에서 파두마는 범어 'padma'의 음역으로 연꽃을 뜻한다.
2. 욕계(欲界)의 맨 위쪽에 있는 하늘이다. 크게 여섯 종류로 나누기 때문에 육욕천(六欲天)이라고 한다. '욕계'는 음욕(淫欲)이나 식욕과 같은 세속의 욕망을 품고 사는 중생들의 세계이다. 지옥·아귀·축생·수라·인간세계를 비롯하여 맨 위쪽에 있는 육욕천이 모두 여기에 해당한다.

이 어떠했겠습니까?

또 과거 말로 할 수 없을 만큼 많고 많은 세월 속에 우렁찬 목소리로 중생을 교화하시는 사자후(獅子吼) 부처님이 계셨습니다.

그 당시 사람들이 이 부처님의 명호를 듣고 한마음으로 귀의하면, 헤아릴 수 없이 많은 부처님 모두가 그에게 뒷날 성불할 것이라는 축복인 마정수기(摩頂授記)를 주셨습니다.

또 과거에 구류손불(拘留孫佛) 부처님이 계셨습니다.

그 당시 사람들이 이 부처님의 명호를 듣고 한마음 한뜻으로 우러러 예배하고 찬탄을 올리면, 그 사람은 현재 일천 부처님의 법회에서 대범천왕이 되고, 부처님 모두가 그에게 뒷날 성불할 것이라는 축복인 마정수기를 주었습니다.

또 과거에 비바시불(毘婆尸佛) 부처님이 계셨습니다.

그 당시 사람들이 이 부처님의 명호를 들으면 영원히 삼악도에 떨어지지 않고, 항상 인간이나 천상계에 태어나 아름답고 편안하며 행복한 삶을 누리게 되었습니다.

또 과거 헤아릴 수 없고 셀 수 없는 갠지스강 모래알만큼 많은 겁의 세월에 뛰어난 보배 보승(寶勝) 부처님이 계셨습니다.

그 당시 사람들이 이 부처님의 명호를 들으면 삼악도에 떨어지지 않고, 항상 천상에서 아름답고 편안하며 행복한 삶을 누리게 되었습니다.

또 과거에 보배로운 모습의 보상(寶相) 부처님이 계셨습니다.

그 당시 사람들이 이 부처님의 명호를 듣고 공경하는 마음을 내면, 오래지 않아 아라한이 되었습니다.

또 과거 헤아릴 수 없이 많고 많은 겁의 세월에 검소한 삶을 상징하는 가사의 깃발 가사당(袈裟幢) 부처님이 계셨습니다.

그 당시 사람들이 이 부처님의 명호를 들으면 일백 기나긴 겁의 나고 죽는 괴롬 속에 지은 모든 죄업에서 벗어나게 되었습니다.

또 다른 과거에 부처님 마음자리에 통한 수미산 대통산왕(大通山王)처럼 마음이 흔들리지 않는 부처님이 계셨습니다.

그 당시 사람들이 이 부처님의 명호를 들으면, 갠지스강 모래알 수만큼 많은 부처님의 가르침을 듣게 되고, 반드시 깨달음을 이루었습니다.

또 다른 과거에 청정한 달빛 부처님 정월불(淨月佛), 수미산 왕 부처님 산왕불(山王佛), 지혜가 뛰어난 부처님 지승불(智勝佛), 명호가 맑고 깨끗한 부처님 정명불(淨名佛), 지혜를 성취한 부처님 지성취불(智成就佛), 더할 나위 없이 거룩한 부처님 무상불(無上佛), 미묘하고 아름다운 목소리의 부처님 묘성불(妙聲佛), 밝은 보름달 부처님 만월불(滿月佛), 달빛 얼굴 부처님 월면불(月面佛) 등 이루 다 말로 헤아릴 수 없이 많은 부처님이 계셨습니다.

세존이시여, 지금뿐만 아니라 다가오는 세상의 천

상이나 이 세상 사람들이 오직 부처님 한 분만의 명호를 기억하고 염불하여도 그 공덕이 헤아릴 수 없이 많은데, 하물며 많은 부처님의 명호를 기억하고 염불한다면 그 공덕이 어떠하겠습니까?

이 중생들은 태어날 때와 죽을 때 저절로 큰 이익을 얻게 되고, 끝내 삼악도에 떨어지지 않게 될 것입니다.

임종하는 사람의 집안에서 부모와 형제자매 나아가 그 권속 한 사람만이라도 죽어가는 병자를 위하여 큰 소리로 부처님의 명호를 염불하고 있다면, 목숨이 다한 사람은 살아생전에 지은 무간지옥에 갈 큰 죄를 빼고는 나머지 업보는 모두 다 사라질 것입니다.

그 무간지옥에 갈 큰 죄는 지극히 엄중하여 억겁

의 세월이 흘러도 그 업보에서 벗어날 수 없는 것입니다.

하지만 임종 때 다른 사람이 그를 위하여 부처님의 명호를 염불하여 준다면, 염불한 공덕으로 그 무거운 죄 또한 시나브로 없어질 것인데, 하물며 죄를 지은 중생이 스스로 염불할 수 있다면 그 공덕이 어떠하겠습니까? 헤아릴 수 없이 많은 복덕을 받을 것이므로, 헤아릴 수없이 많은 죄업도 다 같이 없어질 것입니다."

10장. 보시하고 공양 올리는 공덕

이때 지장보살이 부처님의 위엄과 신통으로 자리에서 일어나 한쪽 무릎을 땅에 꿇고 두 손 모아 합장하며 부처님께 사뢰었다.

"세존이시여, 육도에 윤회하는 중생들의 보시 공덕을 제가 살펴보니 그 공덕이 큰 사람도 있고 작은 사람도 있습니다. 어떤 사람은 한 생 동안 복을 받기도 하고, 어떤 사람은 열 생 동안 복을 받기도 하며 어떤 사람은 백 생 천 생을 두고 크나큰 복덕을 받는 사람도 있습니다. 이 일이 어찌하여 그런 것입니까? 바라옵건대 세존께서는 저희를 위하여 이 의문을 풀어주시옵소서."

이때 부처님께서 지장보살에게 말씀하셨다.

"내 이제 도리천 궁전에 모인 대중에게 이 세상에서 보시한 공덕의 많고 적음을 말하여 주려고 하니, 그대들은 자세히 들어라."

"저는 이 일이 참으로 궁금하였습니다. 기쁜 마음으로 부처님의 가르침을 듣고자 하옵니다."

"이 세상의 모든 통치자와 재상 및 벼슬아치 그리고 재물이 많은 부자로서 집안이 좋고 여유가 있는 사람들은 가난한 사람이나 아픈 사람, 말을 하지 못하는 사람, 소리를 듣지 못하는 사람, 눈이 보이지 않는 사람처럼 어려움이 있는 모든 사람을 만나게 되면, 이들에게 아낌없이 필요한 물품과 도움을 주어야 한다.

자비로운 마음과 부드러운 미소로 손수 혹은 다른 사람을 시켜 온갖 것을 베풀며 따뜻한 말로 위로해

주어야 한다. 이들이 베푸는 삶으로써 얻는 이익은 백 개의 갠지스강 모래알 수만큼이나 되는 부처님께 보시하는 공덕과 같으니라.

왜냐하면 아프고 가난한 사람에게 자비를 베푼 인연의 업보로 받게 되는 이익과 복덕이 있으니, 이들에게 백천 생 동안 금은보화와 칠보가 항상 다 갖추어질 것이기 때문이다. 하물며 먹고사는 일에 무엇을 더 걱정할 필요가 있겠느냐.

지장보살이여, 다가오는 세상의 모든 통치자와 재상 및 벼슬아치 그리고 재물이 많은 부자로서 집안이 좋고 여유가 있는 사람들은, 절과 탑 그리고 부처님이나 보살과 성문 벽지불의 성스러운 성상을 마주할 때, 항상 몸소 공양물을 마련하여 공양을 올려야 한다.

이 공덕으로 이들은 세 겁의 세월 동안 제석천이 되어 아름답고 편안하며 행복한 삶을 누리게 될 것이다.

이 공덕으로 받는 복덕과 이익을 다시 법계로 회향하면, 이들은 마땅히 열 겁의 세월을 변함없이 언제나 대범천왕이 될 것이다.

지장보살이여, 다가오는 이 세상의 모든 통치자와 재상 및 벼슬아치 그리고 재물이 많은 부자로서 집안이 좋고 여유가 있는 사람들은, 오래된 절이나 탑 혹은 경전이나 불상이 손상되고 퇴락한 것을 보게 되면, 이를 보수하려는 마음을 내고 손수 이 일을 해결하거나, 많은 사람에게 이를 보수할 인연을 맺어주어야 한다.

이 공덕으로 이들은 백천 생을 언제나 전륜성왕이

되고, 이 일에 동참한 다른 사람들은 백천 생을 크고 작은 나라의 왕이 될 것이다. 그때 다시 그 공덕을 부처님 앞에 회향하면 이들은 모두 성불할 것이니, 그 공덕의 업보가 헤아릴 수 없이 많고 끝이 없기 때문이다.

지장보살이여, 다가오는 이 세상의 모든 통치자와 재상 및 벼슬아치 그리고 재물이 많은 부자로서 집안이 좋고 여유가 있는 사람들 그 누구라도 늙고 병든 사람이나 임산부를 보게 될 때, 잠깐이라도 자비로운 마음으로 의술이나 약과 음식 등을 베풀거나 잠자리를 마련해 주어 그들을 편안하고 행복하게 해주어야 한다.

이 공덕으로 받게 되는 복덕과 이익은 참으로 불가사의하니, 백 겁의 세월 동안 '언제나 깨끗한 복으로 행복하게 머무는 하늘 정거천(淨居天)'[1]의 주인

이 될 것이며, 이백 겁의 세월 동안 항상 '욕계 여섯 하늘'[1]의 주인이 될 것이다.

그러다 마침내 성불하여 삼악도에 영영 떨어지지 않게 되니, 백천 생이 지나도록 삼악도의 고통으로 신음하는 소리를 듣지 않게 될 것이다.

지장보살이여, 다가오는 이 세상의 모든 통치자와 재상 및 벼슬아치 그리고 재물이 많은 부자로서 집안이 좋고 여유가 있는 사람 그 누구라도 이와 같은 삶을 살면, 그 공덕으로 헤아릴 수 없이 많은 복덕을 얻게 되고, 다시 이 복덕을 회향하면 그 복덕이 많고 적음에 관계없이 모두가 부처님이 될 것인데, 하물며 제석천이나 범천왕 전륜성왕의 복

---

1. 정거천은 맑고 깨끗한 복만을 받아 행복하게 지낼 수 있는 하늘을 말한다. 색계 제4선천(第四禪天)의 무번천(無煩天), 무열천(無熱天), 선현천(善現天), 선견천(善見天), 색구경천(色究竟天)을 통틀어 말한다.
1. 육욕천은 욕계(慾界)에 속한 여섯 가지 하늘나라로 사천왕천(四天王天), 야마천(夜摩天), 도리천(忉利天), 도솔천(兜率天), 요변화천(樂變化天), 타화자재천(他化自在天)이다.

덕을 더 말할 필요가 있겠느냐.

지장보살이여, 그 누구라도 모든 중생에게 이와 같이 베푸는 삶을 많이 권해야 한다.

지장보살이여, 다가오는 세상의 남녀 누구라도 부처님의 법으로 머리카락이나 모래알 또는 티끌만큼이라도 착한 마음의 뿌리를 심어놓은 사람이 있다면, 이 사람이 받는 복덕과 이익은 무엇으로도 비유할 수 없다.

지장보살이여, 다가오는 세상의 남녀 누구라도 부처님이나 보살, 벽지불의 성스러운 성상과 전륜성왕의 형상을 만나 보시하고 공양을 올리는 사람은 헤아릴 수 없이 많은 복덕을 얻게 될 것이다.

이들은 귀한 가문과 좋은 하늘에 태어나 항상 아름

답고 편안하며 행복한 삶을 누리게 될 것이다.

만약 이 복덕을 다시 법계로 회향하면 이 사람이 받는 복덕과 이익은 무엇으로도 비유할 수가 없다.

지장보살이여, 다가오는 세상의 남녀 누구라도 대승 경전을 만나서 부처님의 가르침을 한 구절, 게송 하나라도 듣게 될 때, 소중하게 생각하는 마음으로 찬탄하고 공경하며 공양을 올리면, 이 사람은 헤아릴 수 없이 많고 많은 큰 복덕을 얻게 될 것이다.

만약 이 복덕을 다시 법계로 회향하면 그 복덕은 무엇으로도 비유할 수가 없다.

지장보살이여, 다가오는 세상의 남녀 누구라도 절이나 탑과 대승 경전을 만나게 될 때, 새로 조성된

성물에는 예배 찬탄하고 공양을 올리며 두 손 모아 합장 공경해야 한다.

만약 조성한 성물들이 오래되어 손상되었거나 퇴락한 것을 보게 될 때는 서둘러 이것들을 보수해야 한다. 혼자서 마음을 내거나 혹 다른 사람에게 권유하여 함께 마음을 낸다면, 이들은 삼십(三十) 생(生)을 크고 작은 나라의 왕이 되고, 부처님과 제자들의 단월(檀越)[1]이 되어 보시를 한 사람들은 항상 전륜성왕이 되고 부처님의 좋은 법으로 이 세상 중생들을 제도하며 가르침을 줄 것이다.

지장보살이여, 다가오는 세상의 남녀 누구라도 부처님의 법 가운데서 선근을 심고 보시하며 공양을 올려야 한다. 절이나 탑을 보수하고 경전을 잘 만

---

[1] 단월은 재물을 보시하여 그 인연으로 복을 맞이하고 죄를 참회하려는 사람을 말한다. 보통 단월을 시주라고 한다.

들어 부처님의 법을 전해야 한다. 터럭 한 올, 먼지 하나, 모래 한 알, 물 한 방울만큼이라도 지은 착한 일은 오로지 법계로 회향할 수 있어야 한다.

이 공덕으로 이 사람은 백천 생을 아름답고 편안하며 행복한 삶을 누리게 된다.

만일 이 공덕을 집안 권속이나 자신의 이익을 위하여 회향한다고 해도, 이 업보로 삼생(三生)의 즐거움을 누리면서 온갖 좋은 과보를 받게 될 것이다.

지장보살이여, 마땅히 알아야 한다. 자기 것을 남에게 베풀고 공양을 올리는 공덕은 이와 같은 것이니라."

11장. 집안에 생기는 열 가지 이익

이때 드넓은 대지를 맡아 다스리는 견뢰지신(堅牢地神)이 부처님께 사뢰었다.

"세존이시여, 예로부터 저는 헤아릴 수 없이 많은 큰 보살들을 우러러 존경하며 최고의 예를 올려 왔습니다. 이 보살들은 모두 불가사의한 신통력과 지혜로 모든 중생을 제도하셨습니다. 그런데 지장보살은 이 어떤 보살보다도 서원이 더 크고 넓고 깊습니다.

세존이시여, 지장보살은 이 세상과 큰 인연이 있습니다. 문수보살, 보현보살, 관음보살, 미륵보살 같은 분들 또한 백천의 형상으로 나타나 육도에서 중생을 제도하지만, 그 원력을 이루어서 끝날 때가 있습니다. 그런데 지장보살은 육도의 모든 중생을 교화하려는 서원을 세운 세월이 천백 억 갠지스강 모래알 수만큼의 겁에 이르고 있습니다.

세존이시여, 제가 살펴보니 지금뿐만 아니라 다가오는 세상의 어떤 중생이라도 남쪽 햇빛이 잘 드는 깨끗한 땅에 좋은 방을 만들어, 그 안에 지장보살의 성상을 그리거나 흙 또는 금과 은, 구리나 쇠로 지장보살의 성스러운 성상을 조성해서 모셔 놓아야 합니다.[1] 거기에 향을 사르고 공양을 올리며 예배 찬탄한다면, 그 사람의 집안에는 열 가지 좋은 이익이 있게 될 것입니다.

그 열 가지 이익이 무엇이겠습니까?
첫째, 토지가 기름져서 수확이 풍성해집니다.

---

1. 지장보살의 성스러운 성상이 훼손되지 않도록 나무와 돌이나 쇠와 같은 튼튼한 재료로 보기 좋고 아름답게 작은 궁전을 만들어서 안전한 장소에 잘 모셔 놓아야 한다.

둘째, 집안이 오래도록 편안해집니다.

셋째, 돌아가신 조상이나 부모 형제자매가 하늘나라에 태어납니다.

넷째, 살아 있는 가족들의 수명이 늘어납니다.

다섯째, 구하는 것이 뜻대로 이루어집니다.

여섯째, 물이나 불로 받게 될 재앙이 없게 됩니다.

일곱째, 헛되게 재물이나 마음을 쓰게 하지 않습니다.

여덟째, 나쁜 꿈을 꾸는 일이 없어집니다.

아홉째, 바깥출입을 할 때 하늘의 신장이 보호해 줍니다.

열째, 성스러운 인연을 많이 만납니다.

세존이시여, 지금뿐만 아니라 다가오는 세상에서 누구나 그들이 사는 곳에 좋은 방을 마련하고 공양을 올릴 수만 있다면 이와 같은 많은 이익을 얻게 되는 것입니다."

드넓은 대지를 맡아 다스리는 견뢰지신(堅牢地神)이 거듭 부처님께 사뢰었다.

"세존이시여, 다가오는 세상에서 남녀 누구라도 그들이 사는 곳에 지장경과 지장보살의 성스러운 성상이 있다면 경전을 읽고 지장보살에게 공양을 올려야 합니다. 그러면 저는 본디 있는 신통력으로 밤낮없이 항상 이 사람을 지키고 보호하겠습니다. 나아가 물이나 불로 받게 될 재앙이나 도둑맞는 일과 같은 크고 작은 어떤 나쁜 일도 일어나지 않게 하겠습니다."

부처님께서 드넓은 대지를 맡아 다스리는 견뢰지신(堅牢地神)에게 말씀하셨다.

"드넓은 대지를 맡아 다스리는 견뢰지신(堅牢地神)이여, 그대의 신통력에 다른 신은 미칠 수가 없도

다. 왜냐하면 이 세상의 모든 토지가 그대의 보호를 받고 있기 때문이다. 나아가 풀·나무·모래·돌·벼·삼·대나무·갈대·곡식·쌀과 보물 및 땅에서 나는 그 어떤 것도 그대의 힘이 미치지 않는 곳이 없다.

또 지장보살의 공덕을 찬탄하여 드러내는 그대의 공덕과 신통력은 다른 대지의 신들이 가진 것보다 백천 배나 더 크다.

다가오는 세상에서 남녀 누구라도 지장보살에게 공양을 올리고 이 경전을 읽어야 한다. 오로지 지장경에 의지하여 이 길로만 수행하여야 한다.

그대는 본디 있는 신통력으로 이 사람들을 감싸고 보호하여 이 사람들에게 어떤 재앙이나 뜻대로 되지 않는 일이 없게 해야 하는데, 하물며 재앙을 받게 할 일이 있겠느냐.

또한 그대 혼자만 그 사람들을 감싸고 보호할 일이 아니다. 제석천과 범천왕 권속들과 모든 하늘의 권속도 그들을 감싸고 보호해야 할 것이다. 무엇 때문에 이와 같은 성현들이 그 사람들을 감싸고 보호해야 하는가?

그들이 모두 지장보살의 성스러운 성상을 우러러 예배하고 지장경을 한결같이 독송하고 있으므로, 나중에는 저절로 고통의 바다에서 벗어나 열반의 즐거움을 누릴 것이기 때문이다. 그러므로 모든 신장은 그들을 감싸고 보호해야 하느니라."

12장. 지장보살 명호를 지극정성 불러야

이때 부처님의 정수리에서 백천만 억 광명이 흘러나왔다. 이른바 눈썹 사이 흰 터럭에서 나오는 빛 백호상광(白毫相光), 눈썹 사이 흰 터럭에서 나오는 큰 빛 대백호상광(大白毫相光), 상서로운 터럭 모양에서 나오는 빛 서호상광(瑞毫相光), 상서로운 터럭 모양에서 나오는 큰 빛 대서호상광(大瑞毫相光), 옥빛 터럭 모양에서 나오는 빛 옥호상광(玉毫相光), 옥빛 터럭 모양에서 나오는 큰 빛 대옥호상광(大玉毫相光), 자색 터럭 모양에서 나오는 빛 자호상광(紫毫相光), 큰 자색 터럭 모양에서 나오는 큰 빛 대자호상광(大紫毫相光), 푸른 터럭 모양에서 나오는 빛 청호상광(靑毫相光), 푸른 터럭 모양에서 나오는 큰 빛 대청호상광(大靑毫相光), 푸른 옥돌 터럭 모양에서 나오는 빛 벽호상광(碧毫相光), 푸른 옥돌 터럭 모양에서 나오는 큰 빛 대벽호상광(大碧毫相光), 붉은 터럭 모양에서 나오는 빛 홍호상광(紅毫相光), 붉은 터럭 모양에서 나오는 큰 빛 대홍호상광(大紅毫相光), 녹색 터럭 모양에서 나오는 빛 녹호상광(綠毫相光), 녹색 터럭 모양에서 나오는 큰 빛 대녹호상광(大綠毫相光), 금색 터럭 모양에서 나오는 빛 금호상광(金毫相光), 금색 터럭 모양에서 나오는 큰 빛 대금호상광(大金毫相光), 상서로운 조짐의 구름 터럭 모양에서 나오는 빛 경운호상광(慶雲毫相光), 상서로운 조짐의 구름 터럭 모양에서 나오는 큰 빛 대경운호상광(大慶雲毫相光), 천 개의 바퀴 터럭 모양에서 나오는 빛 천륜호광(千輪毫光), 천 개의 바퀴 터럭 모양에서 나오는 큰 빛 대천륜호광(大千輪毫光), 보배 바퀴 터럭 모양에서 나오는 빛 보륜호광(寶輪毫光), 보배 바퀴 터럭 모양에서 나오는 큰 빛 대보륜호광(大寶輪毫光), 태양처럼 생긴 터럭에서 나오는 빛 일륜호광(日輪毫光), 태양처럼 생긴 터럭에서 나오는 큰 빛 대일륜호광(大日輪毫光) 달빛처럼 생긴 터럭에서 나오는 빛 월륜호광(月輪毫光), 달빛처럼 생긴 터럭에서 나오는 큰 빛 대월륜호광(大月輪毫光), 호사스러운 궁전처럼 생긴 터럭에서 나오는 빛 궁전호광(宮殿毫光), 호사스러운 궁전처럼 생긴 터럭에서 나오는 큰 빛 대궁전호광(大宮殿毫光), 바다 구름처럼 생긴 터럭에서 나오는 빛 해운호광(海雲毫光), 바다 구름처럼 생긴 터럭에서 나오는 큰 빛 대해운호광(大海雲毫光) 등이었다.

정수리에서 이와 같은 헤아릴 수 없이 많은 빛줄기를 내놓으시고 미묘한 음성으로 모든 대중을 향하여 천룡팔부와 사람인 듯 아닌 듯한 중생에게 일러 말씀하셨다.

"내가 이제 이 도리천 궁전에서 칭송하고 찬탄하리니, 지장보살이 이 세상과 하늘에 이익되는 일,

불가사의한 일, 성스러운 인연을 초월하는 일, 십지(十地)를 깨달아 얻는 일 나아가 '높고도 바른 깨달음'에서 물러나지 않는 일에 대하여 말하는 것을 들어 보아라."

부처님께서 이 말씀을 하실 때 법회 가운데 있던 관세음보살이 자리에서 일어나 한쪽 무릎을 땅에 꿇고 두 손 모아 합장하며 부처님께 사뢰었다.

"세존이시여, 지장보살은 죄를 짓고 고통받는 중생을 안타깝게 여기고 크나큰 자비를 베풀었습니다. 천만 억 세계에서 천만 억 몸을 나투어 모든 공덕과 불가사의한 위엄과 신통을 드러내었습니다. 이 일에 대하여 세존을 비롯하여 시방세계 헤아릴 수없이 많은 부처님께서 하나같이 지장보살을 찬탄하며 '과거 현재 미래의 모든 부처님께서 지장보살의 공덕을 이야기한다 해도 다 이야기할 수 없다.'라고 말씀하는 것을 제가 들었습니다.

또 앞서는 세존께서 대중들을 향하여 지장보살이 중생을 이롭게 하는 일을 칭찬하여 드러내시는 것을 본 적이 있습니다.

바라옵건대 세존께서는 현재뿐만 아니라 다가오는 세상의 모든 중생을 위하여 지장보살의 불가사의한 일을 밝게 드러내시어 천룡팔부가 우러러 예배하여 복덕을 짓게 하시옵소서."

부처님께서 관세음보살에게 말씀하셨다.

"그대는 사바세계와 큰 인연이 있다. 그러므로 천룡팔부와 육도에서 죄를 짓고 고통받는 중생이 그대의 이름을 듣고 형상을 보며 그대를 그리워하거나 찬탄한다면, 이 모든 중생은 반드시 더할 나위 없는 부처님의 삶에서 물러나지 않게 될 것이다.

이 인연으로 이 사람들은 언제나 귀하고 부유해지거나 복이 넘치는 하늘에 태어나 미묘하고 오묘한 즐거움을 고루고루 누리게 될 것이다.

그러다 인과가 무르익어 시절 인연이 도래하면 부처님의 수기를 받게 될 것이다.

그대는 지금 크나큰 자비심으로 육도 중생과 천룡팔부를 안타깝게 여기고 있다. 그러기에 내가 지장보살의 불가사의한 공덕을 이야기하는 것을 그대는 듣고자 한다. 그대는 자세히 들어라. 내가 이제 그대를 위하여 이 내용을 설명하리라."

"네, 세존이시여. 기쁜 마음으로 듣고자 하옵니다."

"지금뿐만 아니라 다가오는 세상의 모든 하늘나라 사람도 복덕이 다하면 다섯 가지로 쇠퇴하는 모습이 나타나 삼악도로 떨어질 날이 있다.

그런 현상이 이들에게 나타날 때 이들은 지장보살의 성스러운 성상을 보고 명호를 부르며 우러러 예배를 올려야 한다.

한 번만 이렇게 예배를 올려도 하늘의 복덕이 늘고 큰 즐거움을 받아 삼악도에 떨어지는 업보를 영영 받지 않게 될 것이다. 그런데 하물며 보살의 성상을 보거나 이름을 듣고 온갖 향과 꽃, 의복이나 음식, 보배 영락[1]으로 보시하고 공양을 올린다면 그 공덕이 어떠하겠느냐? 그 복덕과 이익은 헤아릴 수 없이 많고 끝이 없을 것이다.

---

1. 아름다운 옥구슬로 꿰어 만든 장신구로, 목이나 팔 따위에 두르는 패물이다.

관세음보살이여, 지금뿐만 아니라 다가오는 모든 세상에서 육도 중생의 목숨이 다하여 생명이 끊어질 때, 지장보살의 이름이 귀에 한 번만이라도 스치는 중생들이 있다면, 이들은 삼악도의 고통을 영영 겪지 않게 될 것이다.

그런데 하물며 임종을 맞이할 때 부모와 형제자매들이 임종할 사람의 집과 재물이나 보배, 의복으로 지장보살의 형상을 성화로 그리거나 성스러운 성상을 조성했을 때 그 공덕에 대하여 무엇을 더 말할 필요가 있겠느냐.

혹은 운명하기 전에 병자가 눈으로 보고 귀로 듣게 하는 가운데 부모와 형제자매들이 병자를 위하여 지장보살의 성화를 그리거나 성스러운 성상을 조성했다는 것을 알게 해야 하니, 그러면 죄업으로 말미암아 중병을 앓는 병자일지라도 이 공덕으로 차차 병이 낫고 수명이 길어질 것이다.

만약 죽은 뒤에 그 업보로 말미암아 삼악도에 떨어질 사람이라 할지라도, 그는 그 공덕으로 임종한 뒤 명문대가 집안이나 하늘 세상에 태어나 아름답고 편안하며 행복한 삶을 누리게 되며, 모든 죄와 번뇌는 다 없어질 것이다.

관세음보살이여, 다가오는 세상에서 젖먹이 때나 아주 어릴 때 부모와 형제자매를 잃는 사람들이 있게 될 것이다. 이들은 나이 들어 부모와 형제자매들을 생각하더라도 그들의 권속이 어떤 세상에 태어났는지를 알지 못할 것이다.

그때 이 사람들은 지장보살의 성화를 그리거나 성스러운 성상을 만들어 조성해야 한다. 혹은 지장보살의 이름을 듣고 한 번 우러러 예배하고 공양을 올리며 하루 내지 칠 일간 그 마음을 잃지 않아야 한다.

그러면 그 공덕으로 그 사람의 권속들이 나쁜 업으로 말미암아 삼악도에 떨어져 오랜 세월 있었다 하더라도, 차차 그 고통에서 벗어나게 될 것이다. 인간이나 천상계에 태어나 아름답고 편안하며 행복한 삶을 누리게 될 것이다.

부모와 형제자매들이 그들 복덕의 힘으로 인간이나 천상계에 태어나 아름답고 편안하며 행복한 삶을 살고 있더라도, 그 공덕에 힘입어 성스러운 인연이 더욱 늘고 헤아릴 수 없이 많은 즐거움을 누리게 될 것이다.

이 사람은 다시 거듭 삼칠일 동안 지극한 마음으로 지장보살의 성스러운 성상을 우러러 예배하며 그 명호를 매일 만 번씩 염불하여야 한다.

그러면 보살이 끝을 알 수 없는 몸을 나투어 그 사람의 권속이 태어난 세계를 빠짐없이 일러 줄 것이다. 혹은 꿈에서 지장보살의 신통력으로 몸소 이 사람들이 모든 세계에 있는 부모와 형제자매들을 만나게 해줄 것이다.

또 보살의 명호를 매일 빼놓지 않고 천 번 염불하기를 천 일 동안 해나가야 한다. 그러면 지장보살은 토지신을 시켜서 목숨이 다하여 생명이 끊어질 때까지 이 사람을 지키고 보호해 주도록 할 것이다.

현세에는 의식이 풍족하고 어떤 병고라도 없애주며 아울러 갑자기 닥치는 불행도 그 집 문 안에 들어가지 못하도록 할 것이다. 그런데 하물며 그 자신의 몸이야 더 말할 필요가 있겠느냐. 그 사람은 반드시 지장보살의 마정수기를 받게 될 것이다.

관세음보살이여, 만약 다가오는 세상에서 크나큰 자비심으로 모든 중생을 제도하려는 사람, 깨달음을 얻고자 하는 사람, 삼계의 고통을 벗어나려는 사람들은 지장보살의 성스러운 성상을 보거나 명호를 듣고 지극한 마음으로 귀의하여야 한다.

향과 꽃과 의복 그리고 보배, 음식으로 지장보살께 공양을 올리고 우러러 예배를 드려야 한다. 그러면 이 사람들은 소원을 빨리 성취하여 결코 아무런 장애도 없을 것이다.

관세음보살이여, 만약 다가오는 세상 사람들이 지금뿐만 아니라 다가오는 세상의 백천만 억 소원과 하는 일들이 잘 이루어지기를 바란다면, 지장보살의 성스러운 성상에 귀의하고 우러러 예배 공양을 올리고 찬탄하여야만 한다. 그러면 원하고 구하는 바를 모두 다 성취할 것이다.

또 지장보살이 크나큰 자비심으로 영원히 감싸고 보호해 주기를 간절히 바란다면 이 사람은 꿈속에서 지장보살의 마정수기를 받게 될 것이다.

관세음보살이여, 다가오는 세상에서 대승 경전을 소중하고 불가사의하게 여겨 열심히 읽고 외우면서 선지식의 가르침을 받고 노력하더라도, 배우면 배울수록 자꾸 잊어버리고 세월이 흘러도 조금도 외우지 못하는 사람들이 있다.

그 까닭은 전생의 업장을 아직 다 없애지 못하였으므로 대승 경전을 읽고 외울 수 있는 바탕이 없기 때문이다.

이런 사람들은 지장보살의 이름을 듣거나 지장보살의 성스러운 성상을 뵙고서는 공경하는 진실한 마음으로 자신의 처지를 아뢰어야 한다. 아울러 향과 꽃과 의복 그리고 음식, 귀중한 물품들을 지장보살께 공양 올려야 한다.

깨끗한 물 한 잔을 하루 낮 하룻밤 동안 지장보살 앞에 바쳤다가 두 손 모아 합장하고 정성껏 그 물을 마셔야 한다. 고개를 남쪽으로 향하여 입에 대면서 지극한 정성으로 마셔야 한다.

그 물을 마시고 나서는 7일 또는 21일을 오신채와 술이나 고기를 멀리하고 삿된 음행, 헛된 거짓말, 살생을 삼가야 한다.

그러면 꿈속에서 이 사람들은 지장보살이 끝이 없는 몸을 나투어 그들에게 마정수기를 주는 것을 보게 될 것이다.

그 사람이 꿈을 깨면 곧 총명해져서 경전의 내용이 귀에 한 번 스치기만 하여도 영원히 기억하여 다시는 한 구절, 게송 하나도 잊지 않게 될 것이다.

관세음보살이여, 다가오는 세상에서 먹고 입을 것이 부족한 사람, 일이 풀리지 않는 사람, 질병이 많은 사람, 집안에 흉한 일이 많고 불안하여 부모와 형제자매들이 흩어지는 사람, 생각지도 않은 일들이 많이 일어나 괴로운 사람, 잠잘 때 꿈속에서 놀라거나 두려워하기도 하는 많은 사람이 있게 될 것이다.

이런 사람들은 지장보살의 명호를 듣고 성스러운 성상을 보며 지극한 마음으로 지장보살을 만 번씩 염불하여야 한다. 그러면 뜻대로 되지 않았던 온갖 일이 시나브로 소멸하여 안락해지고 의식은 풍족해지며 잠자리에서는 언제나 편안하고 행복할 것이다.

관세음보살이여, 다가오는 세상에서 어떤 문제도 따지지 않고 급한 일이나 생사가 달린 일로 산중이나 바다 또는 험한 길을 지나야 할 사람들이 있게 될 것이다.

이때에는 먼저 지장보살의 명호를 만 번 염불해야 한다. 그리하면 지나갈 곳의 토지신은 오가며 앉고 눕는 일상의 모든 순간에 이들을 지키고 보호해 주며 언제나 즐겁고 편안한 여행을 할 수 있게 해 줄 것이니, 아울러 호랑이나 늑대와 사자 같은 무서운 짐승을 만나더라도 그들이 어떤 해악도 끼치지 못할 것이다."

다시 부처님께서 관세음보살에게 말씀하셨다.

"지장보살은 이 세상과 커다란 인연이 있으니, 모든 중생이 지장보살의 성스러운 성상을 보거나 명호를 들어서 이익을 얻게 되는 일들을 말하자면 백천 겁을 설하여도 다 이야기하지 못한다. 그러니 관세음보살이여, 그대는 그대의 신통력으로 이 경을 널리 유포하여 사바세계 중생들이 백천만겁 언제나 편안하고 즐거운 삶을 누릴 수 있게 해주어야 한다."

이때 세존께서 다시 게송으로 말씀하셨다.

지장보살 위엄 신통 내가 살피니
영원토록 설명해도 다할 수 없어
한순간을 보고 듣고 예배하여도
하늘 인간 얻는 이익 끝이 없어라.

남자 여자 하늘 용들 모든 귀신이
그 인과로 삼악도에 들어갈진대
지장보살, 지장보살 명호 부르면
명이 늘고 온갖 죄업 없어지리라.

어릴 적에 은혜로운 부모 잃고서
어느 세상 태어난 줄 알지 못하며
형제자매 모든 친척 다 흩어지고
나이 들어 그들 소식 알지 못할 때

지장보살 성상이나 탱화 조성해
잠시라도 쉬지 않고 예배 올리며
삼칠일을 그 명호로 염불하여라.

그리하면 지장보살 몸을 나투어
형제자매 있는 곳을 일러 주시고
삼악도의 큰 고통도 벗겨 주리니

이 마음을 잃지 않고 지켜나가면
지장보살 마정수기 받게 되리라.

높고 높은 깨달음을 구하는 이나
삼계 고통 벗어나길 바라는 사람
중생제도 큰 자비심 품은 사람은
지장보살 먼저 뵙고 예배 올리면
온갖 소원 그 자리서 성취가 되고
영원토록 모든 업장 끊어지리라.

어떤 사람 발심하여 경전을 읽고
모든 중생 제도하려 마음을 먹어
불가사의 큰 원력을 세웠더라도
읽은 경전 모든 내용 잊어버림은
이 사람의 전생 업장 두텁기 때문.

성스러운 대승 경전 기억 못 할 때

좋은 향과 꽃과 의복 공양 올리고
옥과 구슬 귀한 보배 공양 올려라.

지장보살 앞에다가 바친 감로수
한낮 한밤 지낸 뒤에 받아 마시며
오신채와 술과 고기 멀리하면서
삼칠일을 다른 생명 죽이지 않고
지장보살, 지장보살 염불을 하면
꿈속에서 지장보살 친견하리라.

깨어나면 듣는 귀가 밝아지면서
경전 구절 귀 한쪽에 스쳐만 가도
천만 생을 태어나도 잊지 않으리
이와 같은 지장보살 불가사의로
이 사람은 참 지혜를 얻게 되는 것.

가난하고 병이 많은 불쌍한 중생

재앙으로 권속들이 서로 헤어져
잠을 자는 꿈속에도 늘 불안하고
하는 일이 어긋나서 성취 못 할 때

지극정성 보살님께 예배 올리면
나쁜 일이 남김없이 모두 사라져
꿈속에도 편안하고 풍요로우며
불법 수호 신장들이 지켜 주리라.

깊은 숲속 거친 바다 건너갈 적에
독을 뿜는 짐승이나 못된 사람들
악신들과 몹쓸 귀신 궂은 바람에
갖은 고난 온갖 고통 도사리지만

지장보살 성상 앞에 공양 올리고
지극정성 마음 바쳐 예배 올리면
험한 산길 모진 바다 지나더라도

괴로운 일 다 사라져 번뇌 없으리.

끝이 없는 지장보살 불가사의는
백천만겁 말을 해도 못다 하리니
관-세음 보살이여 내 말을 듣고
이 공덕을 온 누리에 널리 알려라.

지장보살 그 명호를 듣고 나서는
지장보살 성상 앞에 예배드리고
향과 꽃과 의복 음식 공양 올린 이
백천 생에 즐거움을 한껏 누리리.

이 공덕을 온 법계로 회향한다면
마침내는 성불하고 해탈하리니
그러므로 관음이여 마땅히 알고
온 누리에 지장보살 공덕 알려라.

13장. 사람들과 호법 신장이 얻는 이익

이때 세존께서 황금빛 팔을 들어 지장보살의 머리 위에 얹고 말씀하셨다.

"지장보살이여, 그대의 신통력과 자비심, 지혜와 변재는 불가사의하다. 이 일에 대하여 시방세계 모든 부처님이 천만겁을 찬탄하여도 다 찬탄할 수 없을 것이다.

지장보살이여, 내가 오늘 도리천 궁전에 있는 백천만 억 헤아릴 수 없이 많은 모든 부처님과 천룡팔부 대중들이 모인 이 큰 법회에서 다시 한번 삼계화택[1]에서 벗어나지 못한 하늘과 인간의 모든 중

---

1. 삼계는 욕계·색계·무색계로서 중생계를 셋으로 나눈 것이다. 번뇌로 불타는 집과 같다고 하여 중생계를 삼계화택(三界火宅)이라고 한다.

생을 구제하도록 그대에게 당부한다는 사실을 반드시 기억하여야 한다.

그리하여 모든 중생이 하루 낮 하룻밤조차 삼악도에 떨어지지 않게 해야 한다. 그런데 하물며 다시 다섯 무간지옥과 아비지옥으로 떨어져 천만 억겁토록 빠져나올 기약이 없게 하겠느냐.

지장보살이여, 이 세상 중생의 성품은 정해진 게 없지만, 나쁜 버릇에 물든 사람들이 많고 좋은 마음을 냈다가는 곧 물러서며 나쁜 인연을 만나면 점점 더 나쁜 버릇만 늘어나게 된다. 이 때문에 여래는 백천 억 몸을 나투어 그들이 가진 성품에 따라 제도하고 해탈시킨다.

지장보살이여, 내 이제 다시 한번 진중하게 당부하노니, 그대는 하늘과 사바세계 중생들을 잘 보살펴

주어야 한다.

다가오는 세상에서 부처님 법으로 터럭 한 올, 티끌 하나, 모래 한 알, 물 한 방울만큼이라도 선근을 심은 사람이 있다면 그대는 도력으로 이 사람을 감싸고 보호하여 시나브로 무상도를 닦으면서 거기서 물러나는 일이 없도록 해야 한다.

지장보살이여, 다가오는 세상에서 하늘이나 사바세계 중생이 그들의 업보로 삼악도에 떨어져 지옥문 앞으로 오게 될 것이다. 그때 부처님이나 보살의 명호를 염불한다거나 대승 경전에 있는 한 구절, 한 게송이라도 염불할 수 있는 중생들이 있다. 그러면 그대는 신통력으로 방편을 써서 이들을 구제하여야 한다. 이 사람들이 있는 곳에서 끝이 없이 몸을 나투어 지옥을 부수고 천상으로 보내 아름답고 편안하며 행복한 삶을 누리게 해야 한다."

이때 세존께서 게송으로 말씀하셨다.

지장보살 그대에게 당부하노니
현재 미래 하늘 인간 온갖 중생을
신통의 힘 방편으로 제도하여서
삼악도에 떨어지지 않게 하여라.

이때 지장보살이 한쪽 무릎을 땅에 꿇고 두 손 모아 합장하며 부처님께 사뢰었다.

"세존이시여, 바라옵건대 세존이시여, 너무 걱정하지 마옵소서. 다가오는 세상에서 부처님 법을 믿으며 한마음으로 공경하는 마음을 일으키는 사람이 있다면, 저 또한 온갖 방편으로 그 사람을 제도하여 생사에서 하루빨리 벗어나게 할 것입니다. 그런데 하물며 온갖 좋은 일을 듣고 실천하면서 끊임없이 수행하는 사람에게 무엇을 더 말할 필요가 있겠습니까?

그들은 저절로 무상도(無上道)에서 영원히 물러나지 않을 사람들입니다."

이 말을 할 때 법회에 있던 허공장보살이 부처님께 사뢰었다.

"세존이시여, 지장보살의 위엄과 신통이 불가사의하다고 여래께서 찬탄하는 것을 도리천 궁전에서 제가 들었습니다. 만약 다가오는 세상에서 부처님을 믿는 사람들과 모든 천룡이 지장경과 지장보살의 명호를 듣고 성스러운 성상을 우러러 예배한다면 어떤 종류의 복덕과 이익이 있는 것입니까? 바라옵건대 세존께서 지금뿐만 아니라 다가오는 세상의 모든 중생을 위하여 간략히 말씀하여 주시옵소서."

부처님께서 허공장보살에게 말씀하셨다.

"잘 듣도록 하여라. 내 그대를 위하여 자세히 설명하리라. 만약 다가오는 세상에서 지장보살의 성스러운 성상을 보고 지장경을 듣고 독송하며 향과 꽃과 음식이나 의복, 진기한 보배로 공양을 올리면서 찬탄하고 우러러 예배를 올리는 사람이 있다면, 이들은 스물여덟 가지 이익을 얻게 된다.

첫째, 하늘의 신이나 신통력 있는 천룡이 보호해 준다.
둘째, 좋은 일이 날로 늘어난다.
셋째, 성불할 수 있는 거룩한 인연이 쌓인다.
넷째, 깨달음의 길에서 물러나지 않는다.
다섯째, 의복과 음식이 풍족해진다.

여섯째, 질병이나 돌림병이 찾아오지 않는다.

일곱째, 불이나 물의 재앙에서 벗어난다.
여덟째, 도둑질당하는 액운이 없어진다.
아홉째, 사람들이 보면 흠모하고 존경한다.
열째, 불법을 수호하는 신장들이 돕고 지켜준다.

열한 번째, 뒷날 여인의 몸을 바꾸어 남자 몸을 받는다.
열두 번째, 왕이나 대신의 딸이 된다.
열세 번째, 얼굴이나 몸 생김새가 단정하다.
열네 번째, 복덕을 누리는 하늘에 태어난다.
열다섯 번째, 천하를 호령하는 제왕이 된다.

열여섯 번째, 전생의 일을 환하게 알 수 있다.
열일곱 번째, 구하는 것은 모두 갖게 된다.
열여덟 번째, 부모와 형제자매가 모두 기뻐하고 즐거워한다.
열아홉 번째, 온갖 횡액이 사라진다.

스무 번째, 삼악도로 가는 길이 영원히 없어진다.

스물한 번째, 가는 곳마다 막히는 일이 없이 다 통한다.

스물두 번째, 잠을 잘 때 꿈이 편안하고 즐겁다.

스물세 번째, 앞서간 조상들이 온갖 고통에서 벗어난다.

스물네 번째, 전생의 복을 받아 태어난다.

스물다섯 번째, 모든 성인이 찬탄한다.

스물여섯 번째, 모든 일에 지혜롭고 총명하다.

스물일곱 번째, 자비롭게 중생을 생각하는 마음이 넉넉하다.

스물여덟 번째, 마침내 이 공덕으로 성불한다.

허공장보살이여, 만약 지금뿐만 아니라 다가오는 세상에서도 하늘의 신들과 천룡이나 신장들이 지장보살의 명호를 듣고 성스러운 성상에 예배하거나, 지장보살의 본디 원력을 듣고 수행하며 지장보살을 찬탄하고 우러러 예배한다면, 이들은 일곱 가지 이익을 얻게 된다.

첫째, 성스러운 경지로 빠르게 뛰어 올라간다.
둘째, 나쁜 업이 없어진다.
셋째, 모든 부처님이 지키고 보호해 준다.
넷째, 깨달음의 길에서 물러나지 않는다.
다섯째, 본디 원력이 날로 늘어난다.
여섯째, 전생의 일을 환하게 안다.
일곱째, 마침내 이 공덕으로 성불한다."

이때 시방세계에서 오신 헤아릴 수 없이 많은 부처님과 큰 보살님, 천룡팔부가 지장보살이 가진 불가사의한 위엄과 신통을 석가모니 부처님께서 찬탄하시는 말씀을 듣고 일찍이 없던 일이라고 감탄하였다.

이때 도리천 궁전에 헤아릴 수 없이 많은 아름다운 꽃과 향기로운 향과 선녀의 옷에나 달릴 보배 구슬들이 비 오듯 쏟아져 석가모니 부처님과 지장보살께 공양을 올리니, 온 법회 대중이 다 함께 우러러 부처님께 예배하고 두 손 모아 합장하며 물러났다.

♥ 원순 스님이 풀어쓰거나 강설한 책들

규봉스님 금강경	금강경을 논리적으로 풀어가고 있는, 기존의 시각과 다른 새로운 금강경 해설서
부대사 금강경	경에 담긴 뜻을 부대사가 게송으로 풀어낸 책
야부스님 금강경	경의 골수를 선시로 풀어 가슴을 뚫는, 문학적 가치가 높은 책
육조스님 금강경	금강경 이치를 대중적으로 쉽게 풀어쓴 금강경 기본 해설서
종경스님 금강경	아름다운 게송으로 금강경 골수를 드러내는 명쾌한 해설서
함허스님 금강경	금강경의 전개를 파악하고 근본 가르침을 또렷이 알 수 있게 설명한 함허 스님의 걸작
능엄경 1, 2	중생계는 중생의 망상으로 생겨났음을 일깨우며, 번뇌를 벗어나 부처님 마음자리로 들어가는 가르침과 능엄신주를 설한 경전
돈오입도요문론	단숨에 깨달아 도에 들어가는 가르침을 잘 정리한 책
돈오입도요문 강설	깨달음을 얻기 위하여 꼭 알아야 할 내용을 50여 개의 주제로 정리하여 문답식으로 설명하고 있는 돈오입도요문 강설본
돈황법보단경 강설	육조 스님 가르침을 간결하고 명료하게 담고 있으며 저자의 강설이 실려 있어 깊은 뜻을 쉽게 이해할 수 있는 책
마음을 바로 봅시다 上下	종경록 고갱이를 추린 '명추회요' 국내 최초 번역서
몽산법어	간화선의 교과서로 불리는 간화선 지침서
무문관	선의 종지로 들어갈 문이 따로 없으니 오직 화두만 참구할 뿐
선禪 스승의 편지	선방 수좌들의 필독서, 대혜 스님의 『서장書狀』 바로 그 책
선가귀감	경전과 어록에서 선의 요점만 추려 엮은 '선 수행의 길잡이'
선禪 수행의 길잡이	선과 교를 하나로 쉽게 이해하는 『선가귀감』을 강설한 책
선문정로	퇴옹성철 큰스님께서 전하시는 '선의 종착지는 어디인가?'
선요	선의 참뜻을 일반 불자들도 알 수 있도록 풀이한 재미있는 글
선원제전집도서	선과 교의 전체 내용을 체계적으로 정리한 참 좋은 책

신심명·증도가	마음을 일깨워 주는 게송으로서 영원한 선 문학의 정수
신심명 강설	신심명 게송을 알기 쉽게 풀어 선어록의 이해를 돕는 간결한 지침서
연경별찬	설잠 김시습이 『연꽃법화경』을 찬탄하여 쓴 글
연꽃법화경	모든 중생이 부처님이라는 혁신적인 내용을 담고 있으면서도 고전문학의 가치를 지닌 경전
육조단경 덕이본	육조 스님 일대기와 가르침을 극적으로 풀어낸 선종 으뜸 경전
절요	'선禪의 종착지로 가는 길'을 알려주는 보조지눌 스님의 저서
정혜결사문	이 시대에 정혜결사의 뜻을 생각해 보게 하는 보조 스님의 명저
지장경	지장 보살의 전생 이야기와 그분의 원력이 담긴 경전
진심직설	행복한 마음을 명료하게 설명해 주는 참마음 수행 지침서
초발심자경문	이 세상 모든 사람을 위한 마음 닦는 글
치문 1·2·3권	생활 속에서 가까이 해야 할 선사들의 주옥같은 가르침
큰 믿음을 일으키는 글	불교 논서의 백미인 『대승기신론 소·별기』 번역서
한글 법보 염불집	불교 의식에 쓰이는 어려운 한문 법요집을 그 뜻을 이해하고 염불할 수 있도록 아름다운 우리말로 풀어씀
한글 원각경	함허득통 스님이 주해한 원각경을 알기 쉽게 풀어쓴 글
독송 및 사경용 경전	**우리말 관세음보살보문품 독송본, 사경본**
	우리말 금강반야바라밀경 독송본, 사경본
	미륵경 독송본, 사경본
	보현행원품 사경본
	부모은중경 우리말 독송 사경본
	약사유리광 칠불본원공덕경 독송본, 사경본
	우리말 독송 지장경, 초발심자경문 사경본
	천지팔양신주경 우리말 독송 사경본

원순 스님

해인사 백련암에서 성철 스님을 은사로 모시고 출가하여
해인사 송광사 통도사 봉암사 지리산 백장암 등 제방선원에서 정진하였다.
『명추회요』를 번역한 『마음을 바로 봅시다』, 『한글원각경』, 『육조단경』, 『선요』
『선가귀감』을 강설한 『선수행의 길잡이』 등 다수의 불서를 펴냈으며
난해한 원효 스님의 『대승기신론 소별기』를 『큰 믿음을 일으키는 글』로 풀이하였다.
현재 지리산 실상사 구산선문에서 안거 중.

우리말 독송 지장경

초판 발행 | 2023년 8월 1일
초판 2쇄 | 2024년 8월 28일
펴낸이 | 열린마음
풀어쓴이 | 원순

펴낸곳 | 도서출판 법공양
등록 | 1999년 2월 2일·제1-a2441
주소 | 13150 서울시 종로구 삼봉로 81
두산위브파빌리온 836호
전화 | 02-734-9428
팩스 | 02-6008-7024
이메일 | dharmabk@naver.com

ⓒ 원순, 2024
ISBN 979-11-92137-06-3

값 15,000원

부처님 가르침을 올바르게 _ 도서출판 법공양